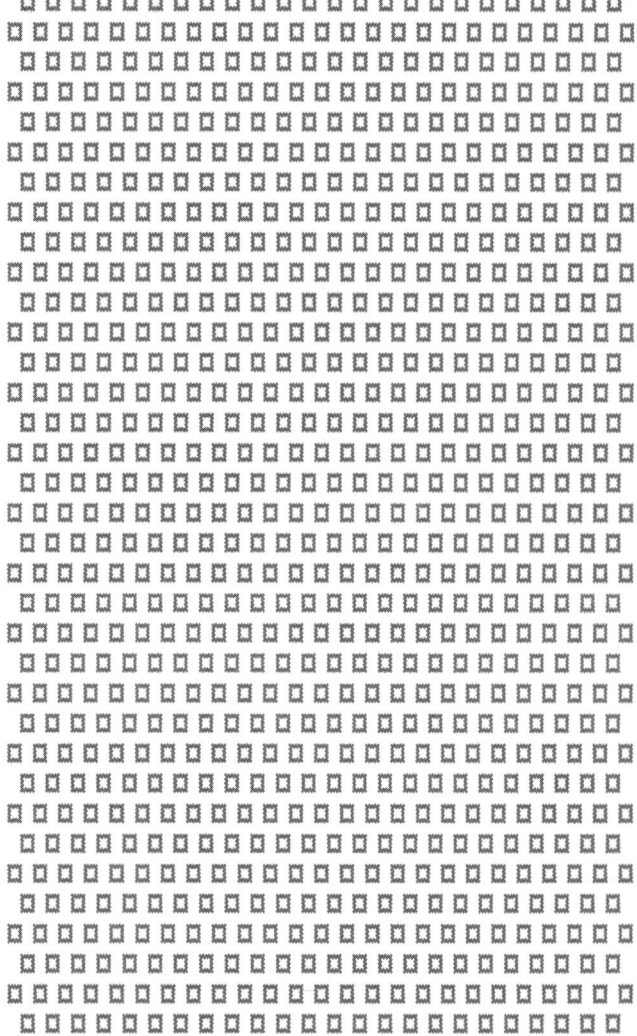

CICERO

Wahre Freunde

Aus dem Lateinischen übersetzt
von Marion Giebel

Philipp Reclam jun. Stuttgart

Lateinischer Originaltitel:
Laelius de amicitia

© 2012 Philipp Reclam jun. GmbH & Co. KG, Stuttgart
Umschlaggestaltung: Finken & Bumiller, Stuttgart
Satz und Druck: Reclam, Ditzingen
Buchbinderische Verarbeitung: Kösel, Krugzell
Printed in Germany 2012
RECLAM ist eine eingetragene Marke
der Philipp Reclam jun. GmbH & Co. KG, Stuttgart
ISBN 978-3-15-010855-0

www.reclam.de

Wahre Freunde

1

(Cicero an Titus Pomponius Atticus.)

Quintus Mucius der Augur hatte die Angewohnheit, von seinem Schwiegervater Gaius Laelius vieles aus dem Gedächtnis und in unterhaltsamer Art zu erzählen und ihn dabei ohne Bedenken in jedem Gespräch »den Weisen« zu nennen. Ich aber war von meinem Vater, als ich die Männertoga angelegt hatte, dem Scaevola zur Unterweisung anvertraut worden,[1] und das führte dazu, dass ich, soweit ich konnte und durfte, dem Greis niemals von der Seite wich. Und so habe ich mir vieles von seinen klugen Erörterungen und auch kurze und treffende Aussprüche eingeprägt und mich bemüht, aus seiner Lebensklugheit Nutzen für meine Bildung zu ziehen. Nach seinem Tod schloss ich mich dem Oberpriester Scaevola an, den ich, mit seinem hohen Geist und seinem rechtlichen Sinn, eine einzigartige Leuchte unseres Staates zu nennen wage. Doch von ihm ein anderes Mal; ich komme nun wieder auf den Augur zurück.

Neben vielen anderen Äußerungen erinnere ich mich auch daran, wie er einmal daheim in seinem Lehnsessel saß und ich mit nur wenigen vertrauten

Freunden bei ihm war und er auf das zu sprechen kam, was damals gerade bei vielen das Gesprächsthema war: Du erinnerst dich sicher daran, Atticus, umso eher, da du ja mit Publius Sulpicius[2] viel zusammen warst, als er sich als Volkstribun in tödlichem Hass mit Quintus Pompeius verfeindete, mit dem er in so inniger und herzlicher Verbundenheit gelebt hatte, und du erinnerst dich auch, wie sehr sich die Leute damals darüber wunderten und wie sehr sie die Sache bedauerten.

Und gerade im Zusammenhang mit der Erwähnung dieses Vorfalls teilte uns Scaevola damals das Gespräch des Laelius über die Freundschaft mit, das dieser mit ihm selbst und mit dem anderen Schwiegersohn, Gaius Fannius, dem Sohn des Marcus, geführt hatte, wenige Tage nach dem Tod des Africanus.

Die Grundgedanken dieses Gesprächs habe ich mir damals eingeprägt und sie nun in der vorliegenden Schrift meinem Ermessen nach dargelegt. Ich lasse nämlich die Gesprächsteilnehmer selber sprechen, damit ich nicht zu oft ein »sagte ich« und »sagte er« einschieben muss und damit das Gespräch wie ein Dialog von hier anwesenden Personen wirkt.

Du hast mich ja schon oft gedrängt, ich solle etwas über die Freundschaft schreiben; da schien mir nun dieses Gespräch von allgemeinem Interesse zu sein und zugleich auch im Einklang mit unserer vertrauten Freundschaft. So habe ich mich nicht ungern dazu entschlossen, kann ich doch auf deine Bitte hin auch einem größeren Kreis nützen. Im *Cato maior*, der Schrift, die ich für dich über das Alter verfasst habe, ließ ich den Cato als hochbetagten Unterredner auftreten. Keine andere Gestalt erschien ja geeigneter als die seine, über diese Altersstufe zu sprechen, weil er sehr lange im hohen Alter gelebt hat und gerade darin so frisch und munter war wie kaum ein anderer. Da wir von unseren Vätern her wissen, dass die Freundschaft zwischen Gaius Laelius und Publius Scipio wahrhaft denkwürdig war, schien mir die Gestalt des Laelius wie geschaffen dazu, über die Freundschaft eben das vorzutragen, was er Scaevolas Erinnerung zufolge hierzu geäußert hat. Diese Art von Gesprächen aber, gestützt auf das Ansehen von Menschen früherer Epochen, und zwar von berühmten, scheint mir irgendwie besonders nachdrücklich zu wirken. So habe ich selbst beim Lesen meiner Schrift bisweilen den Eindruck, es spräche hier Cato und nicht ich.

Wie ich aber damals als Älterer an einen Älteren über das Alter schrieb, so schreibe ich in diesem Buch als vertrauter Freund an den Freund über die Freundschaft. Dort sprach Cato, beinahe der älteste Mann jener Zeit, weiser als jeder andere; jetzt soll Laelius über die Freundschaft sprechen, auch er ein Weiser, dafür galt er, und ausgezeichnet durch den Ruhm seiner Freundestreue. Du sollst aber für eine Weile deine Aufmerksamkeit von mir abwenden und dir vorstellen, Laelius spräche selbst.

Gaius Fannius und Quintus Mucius kommen nach dem Tod des Scipio Africanus zu ihrem Schwiegervater; mit ihnen beginnt das Gespräch. Laelius antwortet; er führt die ganze Erörterung über die Freundschaft: Wenn du sie liest, wirst du dich selbst darin erkennen.

2

(Beginn des Gesprächs.)

Fannius: So ist es, Laelius: Keinen besseren Mann hat
es gegeben als Africanus, keinen berühmteren. Doch
du musst dir darüber klar sein, dass nun aller Augen
auf dich allein gerichtet sind. Dich nennen sie den
Weisen und halten dich auch wirklich dafür. Dieser
Beiname wurde vor gar nicht so langer Zeit noch
dem Marcus Cato zugestanden; auch Lucius Acilius
hieß, wie wir wissen, bei unseren Vätern »der Weise«,
doch jeder in etwas anderer Hinsicht: Acilius, weil
man ihn für einen Kenner auf dem Gebiet des bür-
gerlichen Rechts hielt, Cato aufgrund seiner reichen
Erfahrung in vielen Sachgebieten.[3] Von seinem Wirken im Senat und auf dem Forum wusste man vieles
zu nennen: seine klugen Vorschläge, konsequent ge-
führte Verhandlungen, scharfsinnige Rechtsbeschei-
de. Deshalb hatte er in seinem Alter schon den förm-
lichen Beinamen »der Weise«. Du aber bist auf andere Art weise, nicht nur aufgrund deines Charakters
und deiner Lebensführung, sondern auch aufgrund
deiner geistigen Interessen und wissenschaftlichen
Kenntnisse, und zwar nicht wie die große Masse,

sondern wie Gebildete im allgemeinen jemand »weise« nennen. So kennen wir in ganz Griechenland keinen – die sogenannten »Sieben Weisen« werden von denjenigen, die sich mit solchen Fragen genauer beschäftigen, nicht zur Zahl der Weisen gerechnet –, nur in Athen gab es einen, nämlich den, der sogar vom Orakel des Apollon als der Weiseste bezeichnet wurde.[4] Deine Weisheit, so glaubt man, bestehe darin, dass du überzeugt bist, alles ruhe in dir selbst und die Wechselfälle des menschlichen Lebens besäßen weniger Macht als eine auf die Tugend gegründete Persönlichkeit.[5] Daher fragen die Leute mich – und ich glaube, auch unseren Scaevola hier –, wie du den Tod des Africanus erträgst, und das noch besonders aus folgendem Grund: An den Nonen[6] im letzten Monat, als wir wie üblich in den Gärten des Augurs Decimus Brutus zu Besprechungen zusammengekommen waren, bist gerade du nicht dabei gewesen, obwohl du doch sonst gewöhnlich diesen Termin und diese Aufgabe äußerst gewissenhaft wahrnimmst.

Scaevola: Freilich fragen viele, Laelius, wie Fannius eben sagte, aber ich antworte mit dem, was ich bemerken konnte: dass du nämlich den Schmerz, den du durch den Tod des besten Mannes und des engsten Freundes erlitten hast, in gefasster Haltung erträgst, dass du aber nicht unerschüttert bleiben konntest, was auch dein menschliches Gefühl gar nicht erlaubt hätte.[7] Dass du aber an den Nonen nicht an

12

unserer Versammlung teilgenommen hast, dafür war, so gab ich Auskunft, dein gesundheitliches Befinden die Ursache, nicht deine Trauer.

Laelius: Damit hast du völlig recht, Scaevola: Von dieser Verpflichtung, die ich stets wahrgenommen habe, wenn ich wohlauf war, hätte ich mich niemals durch etwas mir Ungelegenes abhalten lassen dürfen, und ich glaube, kein Mann von festem Charakter sollte sich bei irgendeinem Schicksalsschlag eine Pflichtversäumnis erlauben.

Von dir aber, Fannius, ist es sehr freundlich, mir zu sagen, dass man so hoch von mir denkt, was ich weder als wahr anerkennen noch für mich in Anspruch nehmen will. Mit deinem Urteil über Cato scheinst du mir aber nicht ganz recht zu haben. Entweder ist nämlich niemand weise – was ich wenigstens eher glaube – oder, wenn überhaupt jemand, dann war er es. Wie hat er doch – um von anderem ganz zu schweigen – den Tod seines Sohnes getragen! Ich erinnere mich an Paulus, ich habe auch Galus erlebt, doch sie verloren Söhne im Kindesalter, Cato aber einen schon gereiften und geachteten Mann. Deshalb solltest du beileibe nicht dem Cato irgendjemand vorziehen, nicht einmal den Mann, den Apollon, wie du sagst, als den Allerweisesten bezeichnet hat. Von Cato werden nämlich Taten, von ihm aber nur Worte gepriesen. Was aber mich angeht, um nun mit euch beiden zu sprechen, so sollt ihr folgendes wissen.

13

3

Wollte ich behaupten, ich verspürte gar keine Trauer um Scipio, dann sollten die Philosophen darüber urteilen, wie recht ich daran täte, ich müsste aber lügen, wenn ich das sagte. Ich bin erschüttert durch den Verlust eines solchen Freundes, wie es, so glaube ich, keinen mehr geben wird und wie es sicherlich auch noch keinen gegeben hat. Doch brauche ich kein Heil- und Linderungsmittel; ich tröste mich selbst, und zwar hauptsächlich mit jenem Trost, dass ich von dem Irrglauben frei bin, mit dem sich die meisten beim Hingang ihrer Freunde gewöhnlich abquälen: Nichts Schlimmes hat, so glaube ich, Scipio betroffen; mich hat es betroffen, wenn überhaupt. Sich mit seinem eigenen Kummer das Herz schwerzumachen, das zeigt nur, dass man nicht den Freund, sondern sich selbst liebt. Wer will aber bestreiten, dass es Scipio wahrhaft herrlich ergangen ist? Falls er sich nicht – woran er aber am allerwenigsten gedacht hat – gewünscht hat, für immer hier zu leben: Was hat er dann nicht erreicht von allem, was sich ein Mensch nur wünschen darf? Die hohen Erwartungen, die seine Mitbürger schon in seiner Knabenzeit auf ihn setzten, hat er als junger Mann sogleich mit

14

seiner unglaublichen Tüchtigkeit noch überboten. Um das Konsulat hat er sich niemals bemüht, er ist aber zweimal Konsul gewesen, das erste Mal vor der festgesetzten Zeit, das zweite Mal war es für seine Person zur rechten Zeit, für den Staat aber fast schon zu spät.[8] Zwei Städte, Todfeinde unseres Reiches, hat er zerstört und damit nicht nur gegenwärtige Kriege beendet, sondern auch zukünftige von vornherein verhindert. Was soll ich sagen von seinem äußerst liebenswürdigen Wesen, von der Liebe zu seiner Mutter, der Großzügigkeit gegenüber seinen Schwestern, der Güte gegen die Seinen, seiner Rechtlichkeit gegen alle? Das kennt ihr ja selbst. Wie teuer er aber seinen Mitbürgern war, das hat sich an der Trauer bei seinem Leichenbegängnis gezeigt. Was hätte ihm also die Zugabe einiger Jahre noch bringen können? Mag das Greisenalter auch nicht so drückend sein – ich erinnere mich, wie Cato im Jahr vor seinem Tod mit mir und Scipio darüber sprach –, es raubt uns doch die Frische und Lebenskraft, die Scipio bis dahin noch besaß. Daher war sein Leben so reich an Glück und Ruhm, dass einfach nichts mehr dazukommen konnte. Sein Tod aber erfolgte so plötzlich, dass er das Gefühl des Sterbens gar nicht hatte. Auf welche Art er starb, ist schwer zu sagen; ihr wisst ja, was die Leute darüber argwöhnen. So viel darf man aber der Wahrheit gemäß sagen: Für Publius Scipio hatte von den vielen hochgefeierten und freudenreichen Tagen, die er erleben durfte, der Tag den höchsten Glanz, an dem er nach dem Schluss der Senatssitzung gegen Abend von den Senatoren, vom römischen Volk, von den Bundesgenossen und den Latinern[9] nach Hause geleitet wurde. Es war am Tag, bevor er aus dem Leben schied. Daher hat es den Anschein, er sei von einer so hohen Stufe der Würde eher zu den überirdischen als zu den unterirdischen Göttern gelangt.

4

Ich stimme nämlich nicht mit denen überein, die jüngst damit angefangen haben, die Lehre aufzustellen, mit dem Leib ginge zugleich auch die Seele zugrunde und alles werde durch den Tod vernichtet.[10] Mehr gilt für mich die gewichtige Meinung der Alten: Das sind einmal unsere Vorfahren, die den Toten geheiligte Ehrenrechte zuerkannten, was sie gewiss nicht getan hätten, wären sie der Ansicht gewesen, die Toten hätten nichts mehr davon. Dann meine ich diejenigen, die in diesem Land gelebt und die Großgriechenland[11], das zwar jetzt nicht mehr besteht, seinerzeit aber in Blüte stand, mit ihren Unterweisungen und Lehren erzogen haben. Und ich meine auch die Autorität des Mannes, der vom Orakel Apollons der Weiseste genannt worden ist und der hierüber nicht bald dieses, bald jenes für richtig hielt, wie die breite Masse, sondern stets das gleiche: Die Seelen der Menschen seien göttlich und ihnen stünde, sobald sie den Leib verlassen haben, die Rückkehr in den Himmel offen, und sie ist für die Besten und Gerechtesten jeweils am leichtesten. Dies hielt auch Scipio für richtig. Er hat ja, als ob er eine Vorahnung gehabt hätte, noch wenige Tage vor seinem Tod, als auch Philus und Manilius dabei waren – auch du, Scaevola, bist mit mir hingegangen –, drei Tage lang ein Gespräch über den Staat geführt.[12] Sozusagen die Krönung seines Vortrags bildete das, was er über die Unsterblichkeit der Seele seinen Worten nach im Schlaf durch eine Traumerscheinung vom älteren Africanus vernommen hatte. Wenn es nun so ist, dass die Seelen aller Gutgesinnten im Tod am leichtesten aus dem Kerker und den Fesseln des Leibes entfliehen, was meinen wir: Wer mag dann wohl einen leichteren Weg zu den Göttern gehabt haben als Scipio? Wenn man daher über seinen Tod trauert, würde man dies, so befürchte ich, eher aus Missgunst denn aus Freundestreue tun. Wenn aber die andere Lehre der Wahrheit näher käme, dass nämlich Seele und Leib gleichzeitig zugrunde gingen und keine Empfindung mehr verbliebe, dann ist zwar nichts Gutes am Tod, aber entschieden auch nichts Schlechtes. Denn beim Verlust der Empfindung ist es ja gerade so, als ob man gar nicht geboren wäre. Dass Scipio aber geboren wurde, darüber freuen wir uns, und darüber wird sich auch unser Staat freuen, solange er besteht. Deshalb ist ihm, wie ich vorhin sagte, auch nur das Beste geschehen; mich traf es härter, da es für mich angemessener gewesen wäre, früher aus dem Leben zu gehen, wie ich auch früher eingetreten bin. Aber dennoch finde ich in der Erinnerung an unsere Freundschaft solchen Genuss, dass mir mein Leben glücklich erscheint, weil ich es mit Scipio leben durfte, mit dem ich die Sorge für den Staat und für das persönliche Leben teilte, mit dem mich nicht nur die gemeinsame Zeit als Hausgenossen und als Kriegskameraden verband, sondern auch das, was das ganze Wesen der Freundschaft ausmacht: vollkommene Übereinstimmung in Zielsetzungen, geistigen Interessen und politischen Ansichten. Und so freut mich nicht so sehr der Ruf meiner Weisheit, den Fannius soeben erwähnte – zumal er unbegründet ist –, als vielmehr die Hoffnung, die Erinnerung an unsere Freundschaft werde ewig dauern. Und das ist für mich umso mehr eine Herzenssache, da sich ja aus allen Jahrhunderten kaum drei oder vier Freundespaare nennen lassen.[13] Als eine Freundschaft dieser Art wird, so darf ich hoffen, die zwischen Scipio und Laelius der Nachwelt bekannt bleiben.

Fannius: Das wird bestimmt so sein, Laelius. Doch da du nun schon einmal auf die Freundschaft zu sprechen kamst und wir gerade frei von Staatsgeschäften sind, würdest du mir und sicherlich auch Scaevola einen großen Gefallen erweisen, wenn du in der gleichen Art, in der du gewöhnlich über andere Themen sprichst, die man dir vorlegt, auch die Freundschaft erörtern würdest: was für eine Meinung du dazu hast, wie sie deiner Ansicht nach sein soll und welche Vorschriften du dabei geben möchtest.

Scaevola: Mich wird das bestimmt freuen, denn eben darum wollte ich dich gerade angehen, da kam mir Fannius zuvor. Also würdest du uns beiden einen großen Gefallen erweisen.

5

Laelius: Ich würde mich gewiss nicht lange bitten lassen, wenn ich es mir nur selber zutraute. Es ist ja ein wichtiges Thema, und wie Fannius schon sagte, hätten wir gerade Zeit. Doch wer bin ich, was befähigt mich dazu? Es ist ja die Gewohnheit gelehrter Männer und gerade der Griechen, sich ein Thema stellen zu lassen, das sie dann erörtern, und sogar aus dem Stegreif. Das ist aber eine schwierige Aufgabe und bedarf nicht geringer Übung. Daher solltet ihr, was man in einer Erörterung über die Freundschaft sagen kann, bei denen suchen, meine ich, deren Fach das ist. Ich kann euch nur mahnend dazu auffordern, die Freundschaft allen menschlichen Gütern vorzuziehen. Nichts ist nämlich unserer Natur so gemäß, so passend zu unseren Lebensverhältnissen, sei es im Glück oder im Unglück.

Dies ist aber meine erste Einsicht, dass Freundschaft nur zwischen Gutgesinnten bestehen kann. Ich meine das allerdings nicht im strengsten Sinn, wie die Leute das tun, die solche Fragen recht scharfsinnig erörtern, vielleicht ganz richtig, aber doch zu wenig auf den allgemeinen Nutzen bezogen. Sie sagen, es könne keiner ein guter Mensch sein, wenn er nicht gleichzeitig ein Weiser ist.[14] Das mag so sein, aber sie verstehen Weisheit als etwas, das bisher kein Sterblicher erreicht hat. Wir müssen uns jedoch an das halten, was auf der Erfahrung des täglichen Lebens beruht – nicht an das, was man sich so zusammenfabuliert oder wünscht. Niemals werde ich behaupten, Gaius Fabricius, Manius Curius oder Tiberius Coruncanius, Männer, die unsere Vorfahren als Weise bezeichnet haben, seien nach der Regel dieser Philosophen weise gewesen. Darum mögen sie ihren Begriff von Weisheit für sich behalten, nebelhaft und missverständlich, wie er ist, sie sollen aber zugeben, dass die Genannten rechtschaffene Männer gewesen sind. Doch nicht einmal das werden sie tun; sie werden sagen, diese Auszeichnung käme nur dem Weisen zu.

Wir wollen also sozusagen unseren gesunden Menschenverstand walten lassen. Menschen, die sich so verhalten, so leben, dass ihre Treue und Lauterkeit, ihr Rechtsgefühl und ihre edle Gesinnung erprobt sind, bei denen sich keine Begehrlichkeit, keine ungezügelten Leidenschaften und keine Skrupellosigkeit findet und die ihre Charakterfestigkeit unter Beweis stellen, wie es bei denen der Fall war, die ich eben genannt habe – diese Männer müssen auch, so glauben wir, die Guten genannt werden. Dafür galten sie ja auch, weil sie, soweit Menschen das vermögen, der Natur als der besten Führerin zu einem rechtschaffenen Leben folgten.[15] Das glaube ich nämlich klar zu erkennen: Wir sind so geschaffen, dass zwischen uns allen eine Art von Gemeinschaft besteht, die umso inniger ist, je näher uns einer steht. Daher gelten uns Mitbürger mehr als Auswärtige, Verwandte mehr als Fremde. Denn zwischen Verwandten hat schon die Natur von sich aus ein freundschaftliches Verhältnis geschaffen, das allerdings in seiner Stabilität weniger weit geht. Denn darin übertrifft die Freundschaft das verwandtschaftliche Verhältnis: Bei der Verwandtschaft kann die gegenseitige Zuneigung fehlen, bei der Freundschaft aber nicht. Fehlt nämlich die Zuneigung, gibt es auch keine Freundschaft mehr, eine Verwandtschaft bleibt jedoch bestehen. Wie stark aber die Kraft der Freundschaft wirkt, kann man am ehesten daran erkennen, dass aus der unbegrenzten, von der Natur selbst gestifteten Gemeinschaft des Menschengeschlechts sich ein so enger Zusammenschluss gebildet hat, dass die volle Zuneigung nur zwei oder wenige Personen verbindet.

6

Es ist nämlich die Freundschaft nichts anderes als Übereinstimmung in allen göttlichen und menschlichen Dingen, verbunden mit Sympathie und Liebe. Im Vergleich zu ihr ist den Menschen – die Weisheit einmal ausgenommen – wohl nichts Besseres von den unsterblichen Göttern geschenkt worden. Es gibt zwar welche, die lieber reich sein wollen, andere ziehen stabile Gesundheit vor, wieder andere Macht und Einfluss, hohe Ämter, viele auch sinnliche Genüsse. Das letztere ist freilich Sache von Tieren; die vorher genannten Dinge aber sind vergänglich und unsicher, weil sie nicht so sehr von unseren eigenen Entschlüssen abhängig sind als vielmehr von der Laune des Schicksals. Diejenigen freilich, die in der Tugend das höchste Gut sehen, haben ein hohes Ziel vor Augen: Gerade diese Tugend ist es ja, die Freundschaft entstehen lässt und erhält; ohne Tugend kann echte Freundschaft nie und nimmer bestehen.

Diese Tugend wollen wir nun nach dem Sprachgebrauch unseres täglichen Lebens erklären und sie nicht wie gewisse Philosophen mit hochtrabenden Worten definieren. Wir wollen rechtschaffene Männer diejenigen nennen, die als solche angesehen werden: einen Paulus, Cato, Galus, Scipio, Philus. Mit solchen gibt sich das gewöhnliche Leben zufrieden; die aber wollen wir beiseitelassen, die nie und nirgendwo zu finden sind. Unter Männern solcher Art bietet Freundschaft so große Vorteile, wie ich sie kaum aufzählen kann. Zuerst: Wie gibt es überhaupt ein »lebenswertes Leben«, wie Ennius[16] sagt, das nicht auf gegenseitiger Sympathie von Freunden beruht? Was ist denn angenehmer, als jemanden zu haben, mit dem du dich getrauen kannst, alles so bereden wie mit dir selbst? Würdest du glückliche Stunden so genießen können, wenn du nicht jemand hättest, der sich darüber ebenso freut wie du? Unglück gar wäre schwer zu ertragen ohne einen, der es sogar noch schwerer nimmt als du. Die anderen Dinge endlich, die man erstrebt, sind fast immer nur zu einzelnen Zwecken dienlich: Einfluss, um Ansehen zu gewinnen, Ämter, um Ruhm zu ernten, Vergnügungen, um Spaß daran zu haben, Gesundheit, um frei von Schmerzen zu sein und seinen Körper gebrauchen zu können. Die Freundschaft aber umfasst die meisten Lebensbereiche: Wohin du dich auch wendest, da ist sie, von keinem Ort ist sie ausgeschlossen, niemals kommt sie ungelegen, nie ist sie beschwerlich. Daher haben wir, wie man so sagt, nicht Wasser, nicht Feuer so oft nötig wie sie. Und zwar spreche ich jetzt nicht von der alltäglichen und durchschnittlichen Freundschaft, obwohl auch diese schon Freude und Nutzen bringt, sondern von der wahren und vollkommenen, wie es sie nur bei den wenigen gab, die wir mit Namen nennen können. Eine solche Freundschaft macht nämlich ein Glück noch glänzender, das Unglück aber, indem sie es teilt und damit halbiert, leichter.

7

Sehr viele und recht große Vorteile gibt es also bei der Freundschaft; das hat sie aber unbedingt vor allem anderen voraus: Sie erhellt uns die Zukunft mit freudigen Hoffnungen und lässt unseren Mut nicht erlahmen noch sinken. Wer nämlich auf einen wahren Freund blickt, der sieht sozusagen ein Abbild seiner selbst.[17] Daher sind Abwesende zugegen, Bedürftige überreich, Schwache stark und – was sich mit Worten noch schwerer ausdrücken lässt – Tote lebendig. Solch ein ehrendes Andenken, solche Sehnsucht der Freunde folgt ihnen nach, dass sie im Tod noch glücklich erscheinen, die Lebenden aber lobenswert. Nimmt man jedoch die Bande der Zuneigung aus der Welt, dann kann keine Hausgemeinschaft, keine Stadtgemeinde mehr bestehen, nicht einmal die Feldbestellung kann weitergehen. Wem es weniger einleuchtet, wie stark einträchtige Freundschaft wirkt, dem wird es im Blick auf Uneinigkeit und Zwietracht klarwerden. Denn welche Hausgemeinschaft, welche Bürgerschaft ist so gesichert, dass sie nicht durch Hass und Zwietracht von Grund aus zerstört werden könnte? Hieran lässt sich ermessen, wie viel Wert in der Freundschaft liegt. Es soll ja ein gelehrter Mann aus Agrigent[18] in griechischen Versen seherisch folgendes verkündet haben: Was in der Natur und im gesamten Weltall fest steht oder sich bewegt, das wird durch Freundschaft zusammengehalten, durch Zwietracht aber getrennt. Das können alle Menschen einsehen und in der Wirklichkeit erproben. Gibt es daher einmal ein Beispiel von Freundestreue, indem jemand Gefahren auf sich nimmt oder sie teilt, wer fände dafür nicht Worte höchster Anerkennung? Was für ein lauter Beifall tönte nicht neulich durch den ganzen Zuschauerraum, als das neue Stück meines lieben Gastfreundes Marcus Pacuvius[19] aufgeführt wurde. Als da der König nicht wusste, welcher von den beiden Männern Orestes sei, und Pylades sich für Orestes ausgab, um an seiner Stelle getötet zu werden – und wie dann aber der wirkliche Orestes darauf bestand, er sei Orestes. Stehend klatschten die Leute Beifall für ein erdichtetes Geschehen. Was hätten sie wohl erst getan, wenn es Wirklichkeit gewesen wäre? Ganz von selbst zeigte da das natürliche Gefühl seine Stärke, da die Menschen das, was sie selbst nicht tun könnten, bei einem anderen für richtig erklärten.

So weit habe ich nun meine Ansicht über die Freundschaft vorgetragen, nach bestem Wissen und Können. Wenn es darüber hinaus noch etwas gibt – und ich glaube, es gibt noch vieles –, dann lasst euch darüber, wenn ihr wollt, von denen belehren, die über dieses Thema ihre Erörterungen abhalten.

Fannius: Wir wollen es aber lieber von dir hören! Ich habe zwar auch diese Leute schon mehrmals befragt und habe sie gewiss nicht ungern gehört, aber deine Art der Darstellung ist doch etwas ganz anderes!

Scaevola: Du könntest das noch viel eher behaupten, Fannius, wenn du neulich in den Gärten Scipios dabei gewesen wärst, als über den Staat gesprochen wurde. Wie ist Laelius da als ein Anwalt der Gerechtigkeit gegen die sorgfältig aufgebaute Rede des Philus aufgetreten![20]

Fannius: Das fiel wohl leicht: wenn ein so gerechter Mann die Gerechtigkeit verteidigt.

Scaevola: Und die Freundschaft? Sollte nicht auch das ein Leichtes sein für ihn, der doch seinen größten Ruhm daraus gewonnen hat, dass er sie mit höchster Treue, Standhaftigkeit und Gewissenhaftigkeit bewahrte?

8

Laelius: Das heißt ja, einem Gewalt antun! Was macht es schon aus, wie ihr mich zwingt? Ihr bezwingt mich auf jeden Fall. Denn sich dem Drängen seiner Schwiegersöhne zu widersetzen, noch dazu in einer guten Sache, das fiele nicht leicht und wäre obendrein nicht recht und billig.

Je öfter ich also über die Freundschaft nachdenke, desto mehr scheint mir das folgende reiflicher Überlegung wert: Sucht man Freundschaft nur aus Schwäche und Bedürftigkeit, damit im Geben und Empfangen von Wohltaten ein jeder das, was er von sich aus weniger vermag, von einem anderen erhält und dafür Gegenleistungen erbringt? Oder ist dies zwar ein charakteristisches Merkmal der Freundschaft, aber es gibt doch noch einen anderen Grund, der ursprünglicher und edler ist und mehr der menschlichen Natur entstammt? Die Liebe nämlich, *amor*, von der der Ausdruck Freundschaft, Freundesliebe, *amicitia*, gebildet wird, ist ja der erste Antrieb, ein Band gegenseitiger Sympathie zu knüpfen. Vorteile gewinnt man auch oft von denen, die man mit erheuchelter Freundschaft umwirbt und nur bestimmter Umstände wegen achtet. Bei einer echten Freundschaft aber ist nichts erdichtet, nichts erheuchelt, und alles beruht auf Wahrhaftigkeit und freiem Willen. Deswegen scheint mir Freundschaft eher aus unserem natürlichen Wesen als aus Bedürftigkeit zu erwachsen und mehr aus dem inneren Drang, sich jemandem anzuschließen, verbunden mit einem Gefühl der Sympathie, als aus der Berechnung, wie viel Nutzen die Sache bringen werde. Was es damit auf sich hat, lässt sich auch bei manchen Tieren beobachten, die ihre Jungen bis zu einem bestimmten Zeitpunkt so lieben und von ihnen so wiedergeliebt werden, dass ihre Gefühle leicht zu erkennen sind. Das tritt beim Menschen noch viel deutlicher hervor: erstens in dem Band der Liebe zwischen Kindern und Eltern, das nur durch eine grässliche Untat zerrissen werden kann, dann aber, wenn ein ähnliches Liebesempfinden in uns erwacht, sobald wir jemand gefunden haben, mit dem wir in seiner Lebensauffassung und seinem inneren Wesen harmonieren, weil wir in ihm sozusagen ein leuchtendes Vorbild von Rechtschaffenheit und Tugend vor uns haben. Nichts Liebenswerteres gibt es ja als die Tugend, nichts, was uns mehr zu liebender Wertschätzung anlockte – lieben wir doch wegen ihrer Tugend und Rechtschaffenheit in gewisser Weise sogar Menschen, die wir nie gesehen haben. Wer könnte sich denn den Gaius Fabricius, den Manius Curius ohne ein Gefühl warmer Sympathie ins Gedächtnis rufen, die er doch nie gesehen

hat? Gibt es aber einen, der dem Tarquinius Superbus, dem Spurius Cassius und Spurius Maelius gegenüber nicht ein Gefühl des Hasses empfindet? Mit
zwei Feldherren gab es in Italien einen harten Kampf
um die Macht, mit Pyrrhos und Hannibal.[21] Gegen
den ersten hegen wir wegen seiner Redlichkeit keine
allzu feindlichen Gefühle; den anderen aber wird unser Volk seiner Grausamkeit wegen für immer hassen.

9

Wenn nun redliche Gesinnung eine so starke Wirkung hat, dass wir sie sogar an Menschen lieben, die wir nie gesehen haben, ja sogar, was noch mehr besagen will, selbst noch an einem Feind: Da ist es doch kein Wunder, wenn Menschen sich angezogen fühlen, sobald sie an Leuten, mit denen sie im täglichen Verkehr zusammen sein können, deren edlen Charakter und ihre Herzensgüte aus der Nähe kennenlernen. Freilich festigt sich die Liebe, wenn man Dienste erwiesen bekommt, gegenseitige Neigung feststellen kann und noch der nähere Umgang Verbindung schafft. Kommt dies alles zu der anfänglichen ersten Herzensregung dazu, dann entbrennt auf wunderbare Weise ein mächtiges Feuer der Sympathie. Wenn manche glauben, dies ginge aus einer Schwäche hervor, damit man jemand hat, mit dessen Hilfe ein jeder erlangt, was er begehrt, dann weisen sie der Freundschaft wahrhaftig nur einen niedrigen und keineswegs edlen Ursprung zu: Sie ist ja ihrer Ansicht nach aus Not und Mangel entstanden. Wenn das so wäre, dann müsste einer umso geeigneter sein als Freund, je weniger Stärke er in sich verspürt. Es ist aber doch ganz anders: Je mehr Selbstvertrauen jemand hat, je besser er durch innere Stärke und Weisheit so abgesichert ist, dass er keinen anderen braucht und ganz in sich selbst ruhen kann, desto mehr zeichnet gerade er sich dadurch aus, dass er Freundschaften sucht und pflegt. Was meint ihr denn: Hat Scipio Africanus mich etwa nötig gehabt? Bei Gott nicht! Aber ich hatte ihn ebenso wenig nötig: Ich habe ihn vielmehr aus Bewunderung für seine Tugend geliebt, er mich wiederum wegen einer vielleicht nicht ganz ungünstigen Meinung, die er von meiner charakterlichen Veranlagung hatte. Persönlicher Umgang hat die Sympathie gesteigert. Doch obwohl unsere Freundschaft zahlreiche bedeutende Vorteile mit sich brachte, ist unsere gegenseitige Wertschätzung dennoch nicht aus der Hoffnung auf solche Vorteile entstanden.

Denn wie wir wohltätig und freigebig sind, nicht um Dank einzufordern – wir legen ja unsere Wohltaten nicht auf Wucher an, wir neigen vielmehr von Natur aus zu einer wohlwollenden Gesinnung –, so halten wir auch Freundschaft nicht in der Hoffnung auf Gewinn für erstrebenswert, sondern weil ihr eigenster Genuss schon in der Liebe selbst besteht.

Von einer solchen Auffassung sind die natürlich meilenweit entfernt, die nach Art des lieben Viehs alles an der Sinnenlust messen.[22] Kein Wunder, denn zu etwas Erhabenem, zu Großartigem und Göttli-

34

chem kann man ja den Blick nicht erheben, wenn man all sein Denken an eine so niedrige und verächtliche Sache verschwendet hat. Deshalb wollen wir solche Leute von unserem Gespräch ausschließen, wir wollen aber zu der Einsicht kommen, dass ein Gefühl der Hochschätzung und liebevollen Zuneigung aus unserem angeborenen menschlichen Wesen heraus entsteht, sobald sich bei jemand eine redliche Gesinnung gezeigt hat. Denn alle, die sich davon angezogen fühlen, schließen sich an und rücken näher, um sich am Umgang und an den charakterlichen Vorzügen dessen zu erfreuen, der ihre Wertschätzung gewonnen hat. Ihre Zuneigung ist auf beiden Seiten gleich stark und von gleicher Art; sie neigen mehr dazu, Dienste zu erweisen als Gegendienste zu fordern: Darin besteht bei ihnen ein ehrenvoller Wettstreit. So kann man einerseits aus der Freundschaft größten Nutzen ziehen, ihr Ursprung aus unserer Natur und nicht aus Schwäche verleiht ihr andererseits aber doch mehr Gewicht und innere Wahrhaftigkeit. Würde nämlich der Nutzen Freundschaftsbande knüpfen, dann würde er sie auch wieder auflösen, wenn sich die Voraussetzungen dafür geändert haben. Weil die natürliche Veranlagung aber keiner Veränderung unterliegt, bleiben wahre Freundschaften auch ewig bestehen.[23]

Da habt ihr nun den Ursprung der Freundschaft, falls ihr nicht noch etwas hinzufügen wollt.

Fannius: Nein, fahre nur fort, Laelius. Denn ich gebe für den Jüngeren hier kraft meines Rechtes als Älterer gleich die Antwort mit!

Scaevola: Recht hast du! Darum lass uns weiter hören!

10

Laelius: So hört also, ihr trefflichen Männer, was so oft zwischen Scipio und mir über die Freundschaft erörtert wurde. Freilich sagte er, nichts sei schwerer, als dass eine Freundschaft bis zum letzten Lebenstag bestehen bleibe. Denn es käme öfter vor, dass etwas nicht für beide gleichermaßen förderlich sei, oder man habe nicht die gleiche politische Überzeugung. Es wandelt sich, meinte er, des öfteren auch die Lebenseinstellung, manchmal durch Schicksalsschläge, manchmal auch, weil das Alter drückend werde. Und als Beispiel führte er eine vergleichbare Situation aus der frühen Jugend an, wo die größte Liebe zwischen Knaben oft mit dem Knabenkleid abgelegt werde. Hat sich die Freundschaft aber bis zum Beginn des Mannesalters halten können, scheitert sie dennoch bisweilen durch einen Streit wegen eines Ehekontrakts oder wegen eines anderen Vorteils, den eben nicht beide zugleich erhalten können. Und falls einige die Freundschaft noch länger hätten aufrechterhalten können, käme es doch öfter zum Bruch, wenn sie in Konkurrenz um ein Amt geraten. Die schlimmste Pest, die Freundschaften bedroht, ist nämlich bei der Mehrzahl die Geldgier, gerade bei den Besten aber der Wettstreit um Ehre und Ruhm, woraus schon oft die bittersten Feindschaften zwischen engsten Freunden entstanden sind. Zu schweren und sogar berechtigten Zerwürfnissen kommt es auch, wenn man von Freunden etwas fordert, was nicht recht ist, dass sie etwa der Sittenlosigkeit Vorschub leisten sollen oder Hilfestellung bei unrechtem Tun. Die das ablehnen, tun es zwar zu Recht, ihnen wird aber doch von den anderen, denen sie nicht zu Willen sein wollten, der Vorwurf gemacht, sie verletzten das Recht der Freundschaft. Und die es wagen, einem Freund alles mögliche zuzumuten, wollen durch ebendiese Zumutung zu verstehen geben, sie ihrerseits würden ihrem Freund zuliebe alles tun! Sie sind dann beleidigt, und dadurch zerbrechen nicht nur alte Freundschaften, es entstehen daraus auch ewig dauernde Feindschaften. Diese vielfältigen Gefahren schwebten gleichsam wie dunkle Schicksalswolken über jeder Freundschaft. Um ihnen allen zu entrinnen, meinte Scipio, brauchte man wohl nicht nur Weisheit, sondern auch Glück.

11

Darum lasst uns, wenn es euch recht ist, zunächst feststellen, wie weit die Liebe in der Freundschaft gehen darf. Angenommen Coriolan[24] hatte Freunde in Rom – durften diese mit ihm zusammen gegen die Vaterstadt in den Krieg ziehen? Durften die Freunde den [Spurius] Vecellinus bei seinem Streben nach Alleinherrschaft unterstützen oder den [Spurius] Maelius? Dass Tiberius Gracchus[25], als er den Staat bedrohte, von Quintus Tubero und anderen gleichgesinnten Freunden verlassen wurde, das haben wir selbst erlebt. Anders war es mit Gaius Blossius aus Cumae, einem Gastfreund eurer Familie, Scaevola. Als er, um sich zu entschuldigen, zu mir kam – ich war nämlich Beisitzer im Rat der Konsuln Laenas und Rupilius –, da hat er als Begründung dafür, dass ich ihm Verzeihung gewähren sollte, angeführt, er habe den Tiberius Gracchus so hoch geschätzt, dass er glaubte, alles tun zu müssen, was dieser von ihm wollte. Da sagte ich: »Auch wenn er gewollt hätte, dass du das Kapitol anzündest?« – »Niemals hätte er das gewollt«, antwortete Blossius, »aber wenn, dann hätte ich ihm gehorcht!« Da seht ihr – das sind doch verbrecherische Reden! Und wirklich, er handelte auch so, ja noch viel mehr, als er da sagte. Er hat nämlich Tiberius Gracchus bei seinem Wahnsinnsunternehmen nicht nur gehorcht, er hat eine führende Rolle gespielt und sich nicht nur als Genosse bei seiner Raserei, sondern als Anführer zur Verfügung gestellt. Und in diesem Wahn ist er dann durch das neuerliche Untersuchungsverfahren so in Panik geraten, dass er nach Kleinasien floh, sich den Feinden anschloss und mit schwerer, doch gerechter Strafe für sein Vergehen am Staat büßte. Es ist also keine Entschuldigung für ein Unrecht, wenn man es einem Freund zuliebe begeht. Denn wenn das Bild der Tugend, das man sich von jemandem gemacht hat, die Freundschaft stiftete, dann kann diese schwerlich bestehen bleiben, wenn der andere den Pfad der Tugend verlässt.

Wenn wir es also für richtig hielten, den Freunden alles zu bewilligen, was sie wollen, und von ihnen alles zu erlangen, was wir wollen, so wäre das nichts Schlimmes, vorausgesetzt allerdings, dass wir die vollkommene Weisheit besäßen. Aber wir sprechen ja von solchen Freunden, wie wir sie in Wirklichkeit vor uns haben, die wir sehen oder an die wir uns erinnern, eben wie man sie im Leben gemeinhin kennt; von ihnen müssen wir unsere Beispiele nehmen, und zwar hauptsächlich von denen, die der Weisheit am nächsten kommen. Wir sehen, dass Aemilius Papus mit [Fabricius] Luscinus eng befreundet war – so haben wir es von unseren Vätern gehört: Zweimal waren sie zusammen Konsuln, beide waren auch Kollegen im Amt des Zensors. Und der Überlieferung zufolge waren mit ihnen auch Manius Curius und Tiberius Coruncanius eng verbunden, beide auch selbst gute Freunde. Da kann uns also nicht einmal der Verdacht kommen, einer dieser Männer habe von seinem Freund etwas verlangt, was gegen Treu und Glauben, gegen ihren Eid oder gegen das Staatswohl gewesen wäre. Denn was braucht man bei solchen Männern erst zu versichern, dass einer so etwas, selbst wenn er es gefordert, es doch niemals erhalten hätte! Es waren ja untadelige Männer; und es wäre gleichermaßen unrecht, derartiges auf eine Bitte hin zu tun wie es zu erbitten. Dennoch folgten dem Tiberius Gracchus ein Gaius Carbo, Gaius Cato und sein eigener Bruder Gaius – damals zwar weniger, er vertritt aber jetzt seine Sache mit allem Eifer.

12

Das soll uns also als unverbrüchliches Gesetz in der Freundschaft gelten, dass wir etwas Unehrenhaftes weder erbitten noch es auf Bitten hin tun. Schändlich und keineswegs annehmbar ist nämlich die Entschuldigung – schon bei anderen Verfehlungen, besonders aber bei solchen gegen den Staat –, wenn jemand erklärt, er habe um des Freundes willen so gehandelt. Denn wir sind unserem Rang entsprechend verpflichtet, Fannius und Scaevola, weit vorauszuschauen auf die künftigen Geschicke unseres Staates. Die Art, wie unsere Vorfahren den Staat verwalteten, ist ja schon ein ganzes Stück von ihrem Platz und ihrer Bahn abgekommen.

Tiberius Gracchus unternahm den Versuch, die Königsmacht an sich zu reißen, das heißt, er hatte sie wirklich inne, freilich nur für ein paar Monate. Hatte das Römervolk je schon etwas Ähnliches gehört oder gesehen? Ihm blieben auch nach seinem Tod seine Freunde und seine Verwandten weiterhin treu; was sie gegen Publius Scipio ins Werk gesetzt haben, das kann ich ohne Tränen gar nicht aussprechen.[26] Den Carbo haben wir, so gut wir es eben konnten, noch hingenommen, da ja Tiberius Gracchus kurz zuvor seine Strafe gefunden hatte. Was ich jedoch vom Tribunat des Gaius Gracchus erwarte, das möchte ich lieber gar nicht voraussagen. Es greift allmählich etwas um sich, das, wenn es einmal angefangen hat, nur allzu rasch ins Verderben führt. Ihr seht ja, wie großer Schaden schon früher durch das Abstimmungsverfahren angerichtet wurde, erst mit dem Gesetz des Gabinius,[27] zwei Jahre darauf mit dem des Cassius. Ich sehe schon das Volk völlig vom Senat getrennt und die wichtigsten Entscheidungen nach dem Gutdünken der Masse getroffen. Mehr Leute werden nämlich lernen, auf welche Art man solche Dinge anstellt, als auf welche Art man ihnen zu widerstehen habe. Wozu sage ich das? Weil ohne Helfershelfer keiner einen solchen Versuch unternehmen kann. Darum gilt es, den staatstreu gesinnten Bürgern folgendes einzuschärfen: Wenn sie ohne ihr Wissen, durch irgendeinen Zufall in Freundschaften dieser Art hineingeraten sind, dann sollen sie sich keinesfalls so gebunden fühlen, dass sie sich von ihren Freunden, die einen schweren Frevel gegen das Gemeinwohl begehen, nicht lossagen dürften. Die Übeltäter müssen ihre Strafe erhalten; diese darf aber durchaus nicht geringer sein für solche, die einem anderen gefolgt sind, als für diejenigen, die Hauprädelsführer bei dem verbrecherischen Unternehmen waren. Wer war denn berühmter in Griechenland als Themistokles,[28] wer war mächtiger? Doch nachdem er als Feldherr im Perserkrieg Griechenland vom Joch der Knechtschaft befreit hatte und dann aufgrund von neidvollen Intrigen in die Verbannung getrieben worden war, da hat er die ungerechte Behandlung durch sein undankbares Vaterland nicht hingenommen, die er doch hätte ertragen sollen. Er tat das gleiche wie zwanzig Jahre zuvor Coriolan bei uns. Aber es fand sich bei ihnen niemand als Helfer gegen das Vaterland, und so gaben sich beide den Tod. Daher darf man ein solches Einvernehmen von Frevlern nicht mit Freundschaft bemänteln, man muss es vielmehr mit aller Strenge ahnden, damit keiner meint, es sei erlaubt, dem Freund auch zu folgen, wenn er sogar einen Krieg gegen das Vaterland entfacht. So wie die Dinge sich entwickeln, wird dieser Fall wohl in Zukunft einmal eintreten.[29] Ich sorge mich aber um die Lage des Staates, wie sie nach meinem Tod sein wird, nicht minder als um die heutige.

13

Das also soll als oberstes Gesetz der Freundschaft gelten, dass wir von Freunden nur Ehrenhaftes fordern, nur Ehrenhaftes Freunden zuliebe tun, ja dass wir damit gar nicht abwarten, bis wir darum gebeten werden. Wir halten uns stets bereit, da gibt es kein Zögern; auch freimütig unseren Rat zu erteilen sollen wir uns keineswegs scheuen. Größtes Gewicht soll in einer Freundschaft das Ansehen wohlmeinender Freunde haben, dieses Ansehen soll eingesetzt werden, um nicht nur offen, sondern auch, wenn es sein muss, mit Nachdruck zu ermahnen, und wo es geltend gemacht wird, soll man ihm auch gehorchen.

Freilich haben da einige Männer, die, wie ich höre, in Griechenland als Weise gelten, ganz wunderliche Ansichten vertreten[30] – es gibt ja nichts, was die Griechen nicht mit ihrer Spitzfindigkeit behandelt hätten –, einige erklären also, auf einen zu großen Freundeskreis solle man verzichten, damit sich nicht einer um viele kümmern müsse; jeder habe ja mit seinen eigenen Angelegenheiten mehr als genug zu tun, sich in fremde allzu sehr einzulassen, das bringe nur Belastung mit sich. Am bequemsten sei es, die Zügel der Freundschaft möglichst lang zu lassen, damit man sie nach Belieben anziehen oder lockern kann. Die Hauptsache für ein glückliches Leben sei es nämlich, frei von Sorgen zu sein. In diesen Genuss kann man aber nicht kommen, wenn man als einzelner sozusagen für mehrere die Geburtswehen durchmachen muss. Andere wieder, so heißt es, behaupten etwas, das noch viel weniger der menschlichen Natur entspricht – ich habe diesen Punkt zuvor schon kurz angesprochen: Man müsse, um Schutz und Hilfe zu haben, Freundschaften schließen, nicht aus Zuneigung und Liebe. Das heißt also, wer die geringste Stärke und die wenigsten Kräfte besitzt, der sucht auch am meisten nach Freunden. Daher kommt es, sagen sie, dass das schwache Geschlecht mehr auf den Schutz der Freundschaft aus ist als die Männer, die Armen mehr als die Reichen, die Unglücklichen mehr als die, die man als glücklich ansieht. Was für eine herrliche Weisheit! Der nimmt doch wohl die Sonne aus der Welt, der die Freundschaft aus dem Leben nimmt; nichts Besseres haben uns doch die unsterblichen Götter geschenkt, nichts Angenehmeres. Was ist denn dieses Freisein von Sorgen? Dem äußeren Schein nach ist es zwar verlockend, in Wirklichkeit aber in vielfacher Hinsicht abzulehnen. Es ist nämlich keinesfalls in Ordnung, irgendeine ehrenhafte Angelegenheit nicht zu übernehmen oder sie, nachdem man sie übernommen hat, wieder aufzugeben – nur damit man sich keine Sorgen machen muss!

Wenn man Sorgen und Mühen vermeiden will, dann muss man auch die Tugend meiden, da man sich notwendigerweise darum sorgen muss, alles, was im Gegensatz zu ihr steht, zurückzuweisen und abzulehnen: Redlichkeit weist die Schlechtigkeit zurück, Mäßigkeit die Begierden, Tapferkeit die Feigheit. So kann man sehen, dass über Ungerechtigkeiten Gerechte am meisten bekümmert sind, Tapfere über Feigheit, über Schändlichkeiten die Gesitteten. Es ist also das Wesensmerkmal eines Menschen, der nach rechten Grundsätzen lebt, sich an edlen Dingen zu erfreuen und über Gegenteiliges betrübt zu sein.

Wenn daher auch den Weisen ein Schmerz in seinem Innern treffen kann – und er trifft ihn wirklich, falls wir nicht annehmen, aus seinem Herzen sei jegliches menschliche Gefühl getilgt –, welchen Grund gäbe es dann, die Freundschaft ganz aus dem Leben auszuschließen, nur um nicht ihretwegen irgendwelche Beschwerlichkeiten auf sich nehmen zu müssen? Denn wenn man jede Gemütsregung ausschaltet, welcher Unterschied besteht da noch – ich will nicht sagen, zwischen einem Menschen und einem Tier, sondern zwischen einem Menschen und einem Holzklotz, einem Felsen oder sonst einem Ding dieser Art? Man darf nämlich nicht auf solche Leute hören, die die Tugend hart und wie aus Eisen haben wollen;[31] sie ist vielmehr wie in vielen anderen Dingen so auch in der Freundschaft weich und nachgiebig: So weitet sich unser Herz ja geradezu beim Wohlergehen des Freundes, bei seinem Unglück aber schnürt es sich zusammen. Daher wiegt die Angst, die man für den Freund oft ausstehen muss, nicht so schwer, dass sie die Freundschaft aus dem Leben bannen könnte. Ebenso wenig dürfte man die Tugenden ablehnen, weil sie einiges an Sorge und Beschwernis mit sich bringen.

14

Da Freundschaft aber entsteht, wie ich vorhin sagte, wenn irgendein Merkmal einer vorbildlichen Haltung hervorleuchtet, dem sich eine verwandte Seele zuwenden und anschließen möchte, so muss, wenn das eintritt, daraus auch liebende Zuneigung entstehen. Es wäre doch höchst unvernünftig, sich zwar an allerlei leblosen Dingen zu erfreuen wie an Ehre und Ruhm, Haus, Kleidung und Schmuck des Körpers, an einem lebenden Wesen aber, das von Tugend geprägt ist, das lieben und Liebe erwidern kann, keine besondere Freude zu haben! Es gibt doch nichts Erfreulicheres als erwiderte Zuneigung, als gegenseitige Neigungen und Austausch von Gefälligkeiten.

Und wie – wenn wir noch hinzufügen, was mit Recht dazugehört: dass es nichts gibt, was ein anderes solchermaßen anlockt und an sich zieht, wie eine Übereinstimmung im Wesen zur Freundschaft hinzieht? Dann wird man doch zugestehen müssen, es sei richtig, dass Gute nur Gute hochschätzen und diese an sich ziehen, als wären sie durch natürliche Verwandtschaft mit ihnen verbunden. Nichts verlangt ja mehr nach seinesgleichen und greift so stark danach wie unsere Natur. Aus diesem Grund muss also feststehen, mein Fannius und Scaevola, dass zwischen Guten ein naturnotwendiges Band der Sympathie besteht, und das hat die Natur als Quelle der Freundschaft so eingerichtet. Doch diese Haltung der Guten kommt auch der breiten Masse zugute: Die Tugend ist nämlich nicht menschenfeindlich, ungefällig oder überheblich. Sie ist es ja gewohnt, die Völker insgesamt in ihren Schutz zu nehmen und aufs beste für sie zu sorgen, was sie gewiss nicht täte, wenn sie sich der allgemeinen Menschenliebe verschließen würde.

Ja, mir scheinen sogar die Leute, die aus Nützlichkeitsgründen ihre falschen Vorstellungen von Freundschaft pflegen, gerade das Liebenswerteste am Freundschaftsbund aufzulösen: Unsere Freude kommt doch nicht so sehr aus dem Nutzen, den wir durch einen Freund gewonnen haben, als vielmehr aus der Liebe des Freundes, und was wir vom Freund erhalten, wird uns erst dann lieb, wenn seine Gabe den Stempel seiner Zuneigung trägt. Und weit davon entfernt, dass Freundschaften aus Mangel und Bedürfnis gepflegt werden, ist es sogar so: Wer aufgrund seiner Machtmittel, seines Vermögens, hauptsächlich aber aufgrund seiner Tüchtigkeit, die den besten Schutz bietet, am wenigsten einen anderen braucht, gerade der ist besonders freigebig und wohltätig. Es wäre vielleicht aber auch nicht angebracht, wenn Freunde überhaupt nie etwas bräuchten. Wie hätte denn mein Bemühen um die Freundschaft sich bewähren können, wenn Scipio niemals meinen Rat, niemals meine Hilfe gebraucht hätte, weder daheim noch im Krieg? So ist also nicht die Freundschaft ihrem Nutzen gefolgt, wohl aber hatte die Freundschaft auch Nutzen im Gefolge.

15

Man wird also auf Leute, die im Genussleben dahinschwimmen, nicht hören dürfen, wenn sie da einmal über die Freundschaft sprechen, von der sie doch weder im Reden noch im Tun einen Begriff haben, denn – Götter und Menschen seien meine Zeugen – wer will schon unter der Bedingung, dass er selbst keinen liebt noch von jemand geliebt wird, in größtem Überfluss und Schwelgerei leben? So nämlich sieht ja das Leben der Tyrannen aus, in dem es keine Treue, keine Liebe, kein Vertrauen auf eine unerschütterliche Zuneigung geben kann, wo es überall nur Verdacht und argwöhnische Unruhe gibt und keinen Platz für die Freundschaft. Denn wer könnte einen lieben, den er fürchten muss, oder einen, von dem er sich gefürchtet weiß? Man bemüht sich zwar auch um sie, allerdings nur zum Schein und nur eine bestimmte Zeit lang. Wenn sie dann, wie es meist geschieht, gestürzt worden sind, dann sieht man erst, wie sehr ihnen Freunde fehlten. Tarquinius soll gesagt haben, erst jetzt, in der Verbannung, habe er erkannt, an welchen Männern er treue, an welchen er untreue Freunde besessen habe, jetzt, da er es keinem von ihnen mehr vergelten könne. Ich wundere mich freilich, wie er bei seinem berüchtigten Hochmut und seinem schroffen Wesen überhaupt jemand zum Freund haben konnte. Denn wie er, von dem ich gerade sprach, sich bei seinem Charakter keine wahren Freunde gewinnen konnte, so schließt bei vielen, die übermächtig sind, ihre Machtstellung treue Freundschaften geradezu aus. Fortuna ist nämlich nicht nur selbst blind; sie macht auch zumeist die zu Blinden, die sie in ihre Arme geschlossen hat. So überheben sie sich in der Regel in Hochmut und Starrsinn, und es kann nichts Unerträglicheres geben als solch einen, der töricht auf sein Glück pocht. Und man kann auch erleben, dass Männer, die früher durchaus umgänglich waren, durch Befehlsgewalt, Macht und Erfolg geradezu umgewandelt werden, dass sie ihre alten Freunde verachten und neuen ihre Gunst schenken. Was ist aber törichter, als wenn einer, dem aufgrund von Reichtum, Geld und Macht alles offensteht, nun all das übrige erwirbt, was für Geld zu haben ist: Pferde, Diener, prächtige Kleidung, kostbare Gefäße – sich aber keine Freunde erwirbt, den, wenn ich so sagen darf, allerbesten und schönsten Hausrat fürs Leben. Wer sich nämlich die anderen Dinge anschafft, der weiß letztlich nicht, für wen er es tut und für wen er sich abmüht. Denn alle diese Güter gehören ja am Ende dem, der die Oberhand hat. Freunde aber bleiben für einen jeden ein beständiges und sicheres Besitztum. Und selbst wenn die erwähnten Güter, die sozusagen Geschenke der Fortuna sind, uns erhalten bleiben, dann kann ein Leben, ganz öde und verlassen von Freunden, uns keine Freude machen. So viel nun hierzu.

16

Es gilt nun noch genau zu bestimmen, welches die Grenzlinien der Freundschaft sind und gewissermaßen die Marksteine, die wir zu setzen haben. Hierüber werden, wie ich sehe, drei verschiedene Auffassungen vertreten, von denen ich freilich keine billigen kann. Die eine möchte, dass wir gegen den Freund ebenso gesinnt sein sollen wie gegen uns selbst; die zweite besagt, unser Wohlwollen gegenüber dem Freund soll dem gegen uns selbst gleich sein und genau entsprechen, die dritte meint, dass jeder von den Freunden so hoch geschätzt werden soll, wie er selbst sich einschätzt. Von diesen drei Auffassungen kann ich durchaus keiner zustimmen. Die erste, nämlich dass jeder so gegen den anderen gesinnt sein soll wie gegen sich selbst, entspricht nicht der Wirklichkeit. Wie vieles tun wir doch den Freunden zuliebe, was wir für uns niemals tun würden: einen Unwürdigen bitten, ihn demütig anflehen, dann wieder einen scharf anfahren und ihm recht heftig zusetzen, Dinge, die in eigener Sache uns nicht gerade zur Ehre gereichen würden, für Freunde aber höchst ehrenvoll sind. Und so gibt es viele Lebenslagen, in denen gutgesinnte Menschen ihren eigenen Vorteil vielfach zurückstellen und Nachteile hinnehmen, damit die Vorteile lieber ihren Freunden als ihnen selbst zugutekommen.

Die zweite Meinung beschränkt Freundschaft auf ein gleiches Maß an Dienstleistungen und guten Willen auf beiden Seiten. Das heißt doch wahrlich die Freundschaft einer gar zu kümmerlichen und kleinlichen Berechnung zu unterwerfen, damit nur ja die Rechnung von Einnahmen und Ausgaben glatt aufgeht. Reicher und großzügiger scheint mir wahre Freundschaft zu sein, nicht engherzig darauf bedacht, ja nicht mehr auszugeben als einzunehmen. Man braucht sich doch keine Sorgen zu machen, dass etwas verlorengeht, verschüttet wird oder dass man mehr als billig in die Freundschaft investiert hat.

Die dritte Grenzbestimmung vollends kommt ganz und gar nicht in Frage: Jeder solle von seinen Freunden so eingeschätzt werden, wie er sich selbst achtet. Mancher ist doch oftmals zu verzagt oder hat keine rechte Hoffnung mehr auf eine Besserung seiner Lage. Da ist es ganz und gar nicht die Art eines Freundes, so gegen ihn eingestellt zu sein wie er selbst; vielmehr soll er nach Kräften dahin wirken, den Freund in seiner Niedergeschlagenheit aufzurichten und ihm zu einer hoffnungsvolleren Stimmung und einer besseren Meinung von sich selbst zu verhelfen.

Anders wird man also die Grenzen wahrer Freundschaft festsetzen müssen. Zuvor will ich euch aber noch sagen, was Scipio gewöhnlich am meisten kritisierte. Er sagte, die feindseligste Äußerung über die Freundschaft sei doch die Behauptung des Mannes, der gesagt habe, man müsse so lieben, wie wenn man einmal hassen würde. Scipio sagte auch, er lasse sich nie und nimmer davon überzeugen, dieses Wort stamme von Bias, der als einer der Sieben Weisen gelte.[32] So denke doch nur ein ganz minderwertiger Mensch, ein Ehrgeizling oder einer, der alles nur im Blick auf seine eigene Machtposition sieht. Wie soll denn einer demjenigen ein Freund sein, von dem er sich vorstellt, er könne auch dessen Feind sein! Ja, er müsste dann sogar sehnlich wünschen, dass der Freund sich möglichst oft etwas zuschulden kommen lässt, um ihm selbst damit sozusagen desto mehr Anhaltspunkte zu bieten, ihn festzunageln. Umgekehrt wird er zwangsläufig über rechtes Handeln und Erfolg der Freunde Ärger, Verbitterung und Neid empfinden. Deshalb ist diese Vorschrift, von wem sie auch sei, geeignet, die Freundschaft zu zerstören. Der Grundsatz hätte eher so lauten müssen: Wir sollten bei der Wahl von Freunden solche Sorgfalt anwenden, dass wir zu Anfang niemals einen lieben, den wir später einmal hassen müssen. Ja, wenn wir in unserer Wahl weniger glücklich gewesen seien, so müsse man das eher hinnehmen, meinte Scipio, anstatt nach einer Gelegenheit zum Beginn einer offenen Feindschaft Ausschau zu halten.

17

An folgende Grenzziehung haben wir uns also meiner Meinung nach zu halten: Unter Freunden soll, wenn ihre sittliche Haltung ohne Tadel ist, in allen Angelegenheiten, Plänen und Vorhaben ausnahmslos Gemeinsamkeit bestehen. Denn wenn es durch irgendeinen Zufall so weit käme, dass einmal weniger berechtigte Wünsche von Freunden unsere Unterstützung brauchten, wobei es um ihre Existenz oder um ihren guten Ruf geht, dann müssen wir auch einmal vom rechten Weg abweichen. Nur dürfen sich daraus keine höchst ehrenrührigen Folgen ergeben.[33] Es ist bis zu einem gewissen Punkt vertretbar, der Freundschaft Konzessionen zu machen. Dabei darf man einerseits nicht seinen guten Ruf außer acht lassen, man sollte aber andererseits auch das Wohlwollen seiner Mitbürger als Einsatzmittel in der Politik nicht unterschätzen. Dieses Wohlwollen durch Schmeichelei und Liebedienerei zu gewinnen, wäre ehrenrührig. Tüchtigkeit aber, die uns Sympathie einträgt, darf man durchaus nicht verschmähen.

Doch Scipio – ich muss immer wieder auf ihn zurückkommen, sein Gespräch über die Freundschaft liegt ja meinen Ausführungen zugrunde –, Scipio also klagte öfter, die Menschen verhielten sich in allen möglichen anderen Dingen gewissenhafter: Wie viele Ziegen und Schafe einer hat, das weiß jeder genau, wie viele Freunde aber, das kann er nicht sagen. Bei der Anschaffung der genannten Tiere treffen sie genaue Vorsorge; um die rechte Auswahl ihrer Freunde aber kümmern sie sich wenig, und sie haben sozusagen keine Unterscheidungsmerkmale, nach denen sie beurteilen könnten, wer zur Freundschaft geeignet sei. Es müssen also Personen ausgewählt werden, von festem, unerschütterlichem und zuverlässigem Charakter; an dieser Sorte Menschen aber herrscht großer Mangel. Auch ist es sicher schwierig, ohne vorherige Erprobung ein Urteil abzugeben, dieses kann aber erst im Lauf der Freundschaft erfolgen. So geht die Freundschaft der Beurteilung voraus und schließt die Möglichkeit einer vorherigen Erprobung aus.

Es ist also klug, den Drang freundschaftlicher Zuneigung erst einmal zurückzuhalten, wie man die Pferde vor einem Wagen zurückhält, um von der Freundschaft wie von einem Gespann erst nach vorheriger Erprobung Gebrauch zu machen, nämlich wenn wir den Charakter der Freunde einigermaßen auf die Probe gestellt haben. Manche kann man oft schon bei einer kleinen Geldsumme in ihrer Leichtfertigkeit durchschauen, andere wieder, die sich von einer kleinen Summe nicht beeinflussen ließen, lernt man bei einer großen kennen. Wenn sich aber doch einige finden, die es für niederträchtig halten, Geld der Freundschaft vorzuziehen – wo werden wir die ausfindig machen, die Ehrenstellen, Ämter, höchste Befehlsgewalt, Machtbefugnisse und politischen Einfluss nicht für wichtiger halten als die Freundschaft? Und wenn ihnen auf der einen Seite diese Dinge, auf der anderen der Anspruch der Freundschaft vor Augen gestellt würde – hätten sie dann nicht viel lieber doch das erstere? Schwach ist unsere Natur, wenn es gilt, die Macht zu verachten! Und wenn man sie unter Missachtung der Freundschaft erlangt hat, geht man davon aus, der Verrat an der Freundschaft werde vom Schleier des Vergessens bedeckt werden, schließlich habe man sie ja nicht ohne einen triftigen Grund außer acht gelassen.

So erklärt es sich, dass man wahre Freundschaft nur schwer bei Männern antrifft, die hohe Ämter innehaben oder überhaupt im öffentlichen Leben stehen. Denn wo findet sich wohl der Mann, der unter diesen Umständen dem Freund das Ehrenamt eher gönnt als sich selbst? Ferner – um davon gar nicht zu reden: Wie drückend, wie lästig erscheint es doch den meisten, am Unglück mitzutragen! Es sind nicht leicht Menschen zu finden, die sich darauf einlassen. Ennius sagt zwar ganz richtig:

»Den sicheren Freund erkennt man in unsicherer Lage«,[34]

es sind aber eben diese beiden Fälle, in denen sich die meisten Menschen in ihrer Unzuverlässigkeit und Schwäche offenbaren: wenn sie entweder in ihrem eigenen Glück den Freund geringschätzig behandeln oder ihn in seinem Unglück im Stich lassen.

Wer sich nun in beiden Situationen als Freund ernst und besonnen, standhaft und zuverlässig erweist, den müssen wir zu einer besonders seltenen, ja beinahe göttlichen Klasse von Menschen rechnen.

18

Der Grundpfeiler einer solchen Beständigkeit und
Festigkeit, wie wir sie in der Freundschaft suchen, ist
die Treue, denn es gibt keine Beständigkeit, wo die
Treue fehlt.

Weiterhin ist es ratsam, einen aufrichtigen, um-
gänglichen und gleichgesinnten Menschen auszu-
wählen, das heißt einen, der für die gleichen Eindrücke empfänglich ist, denn alle diese Eigenschaften gehören zur Treue. So wenig ein wankelmütiger und
durchtriebener Mensch treu sein kann, so wenig
kann auch einer, der nicht für die gleichen Eindrücke
empfänglich und von seiner Natur her mit uns im
Einklang ist, treu oder zuverlässig sein. Man muss
noch hinzufügen, dass dieser Freund keine Freude
daran haben darf, Beschuldigungen vorzubringen
oder vorgebrachten zu glauben; das gehört alles zu
dem, worüber ich schon eine ganze Weile spreche,
nämlich zur Charakterfestigkeit. So erweist sich denn
als wahr, was ich zu Anfang sagte: Freundschaft kann
nur unter Guten bestehen. Denn nur ein sittlich guter Mensch, den wir auch einen Weisen nennen mögen, hält an diesen beiden Grundsätzen in der
Freundschaft fest. Erstens: Es darf keine Verstellung

und Heuchelei geben; selbst in der Feindschaft ist es anständiger, wenn man offen ist, als wenn man seine wahre Gesinnung hinter einer freundlichen Miene verbirgt. Zweitens: Man soll nicht nur Beschuldigungen zurückweisen, die einem von irgendwoher zugetragen werden, sondern auch selbst nicht misstrauisch sein, in dem ständigen Argwohn, der Freund habe sich irgendetwas gegen seine Freundespflicht zuschulden kommen lassen. Außerdem soll noch etwas hinzukommen: eine gewisse Liebenswürdigkeit in der Unterhaltung und im ganzen Wesen, eine durchaus nicht geringe Würze der Freundschaft. Ein ernstes und stets strenges Wesen wirkt zwar würdig; indessen sollte man sich unter Freunden doch eher ungezwungen, frei und herzlich geben und stets zu Freundlichkeit und Gefälligkeit geneigt sein.

19

Es ergibt sich aber an diesem Punkt noch die folgende heikle Frage, ob nicht bisweilen neue Freunde, die unserer Freundschaft wert sind, den alten vorzuziehen seien – so wie wir älteren Pferden gewöhnlich junge kräftige vorziehen. Solche Bedenken sind absolut menschenunwürdig! Denn in der Freundschaft darf es nicht wie in anderen Dingen eine Übersättigung geben; gerade die ältesten Freundschaften müssen – wie die Weine, die sich bei einer langen Lagerung gehalten haben – auch die angenehmsten sein, und das Sprichwort ist wahr, dass man viele Scheffel Salz miteinander essen muss,[35] bis die Freundschaft ihre Bewährungsprobe bestanden hat. Neue Freundschaften sind freilich auch nicht zu verschmähen, wenn man nur die Hoffnung auf sie setzen kann, dass sie wie eine junge Saat auch zuverlässig aufgehen werden. Doch müssen alte Freundschaften ihren gebührenden Platz behalten, denn das Alte und Gewohnte übt starken Einfluss auf uns aus. Schon beim Pferd, das ich vorhin erwähnte, ist es ja so, dass jeder von uns, wenn uns nichts davon abhält, lieber das reitet, das er gewöhnt ist, als ein noch nicht fertig zugerittenes neues. Und nicht nur beim Belebten, auch beim Unbelebten wirkt die Macht der Gewohnheit: Wir haben Freude an bestimmten Gegenden, sogar an bergigen und waldreichen, wenn wir uns nur länger dort aufgehalten haben.

Ganz wichtig ist es ferner, sich in der Freundschaft mit einem Rangniederen auf die gleiche Stufe zu stellen. Es gibt ja oft Persönlichkeiten, die die anderen überragen, so wie Scipio in unserem Verein, um diesen Ausdruck zu gebrauchen. Niemals stellte er sich über Philus, nie über Rupilius oder Mummius, niemals über Freunde von geringerem Stand. Den Quintus [Fabius] Maximus aber, seinen Bruder, einen durchaus hervorragenden, ihm aber keinesfalls ebenbürtigen Mann, ehrte er, nur weil er der Ältere war, wie einen Höherstehenden; auch wollte er, dass all die Seinen durch ihn zu höherem Ansehen kämen. Das sollten alle tun und sich darin an ihm ein Beispiel nehmen. Wenn sie mit ihrer Tüchtigkeit, ihrem Talent und ihrem Glück eine Vorzugsstellung erlangt haben, dann sollen sie das ihren Angehörigen zugutekommen lassen und den Menschen in ihrer Umgebung daran Anteil geben. Dann können sie, wenn sie von Eltern niederen Standes stammen, wenn sie Verwandte haben, die mit weniger Talent und Glücksgütern gesegnet sind, deren Vermögensverhältnisse aufbessern und ihnen Ehre und Ansehen verschaffen. So finden wir es auch in Sagen und Theaterstücken: Da gibt es Personen, die eine Zeitlang in dienender Stellung lebten, weil man ihre Herkunft und Abstammung nicht kannte, und auch nachdem sie entdeckt wurden und sich als Götter- oder Königssöhne entpuppt haben, bewahren sie dennoch ihre Liebe zu den Hirten, die sie jahrelang für ihre Eltern hielten.[36] Das muss man aber in noch weit höherem Maße seinen wirklichen Eltern gegenüber tun. Denn von seiner Geisteskraft, seiner Tüchtigkeit und überhaupt von jedem Vorzug erntet man dann die reifsten Früchte, wenn man ihn mit seinen Nächsten teilt.

20

Einerseits sollen also Männer, die in einem engen Freundschafts- und Verwandtschaftsverhältnis einen höheren Rang einnehmen, sich mit den Niederen auf eine Stufe stellen. Andererseits sollen sich die Niedrigeren nicht gekränkt fühlen, wenn sie von Personen aus ihrem Kreis an Geist, Glück oder Ansehen überragt werden. Es gibt freilich recht viele, die sich ständig beschweren oder sich sogar in Vorwürfen ergehen, und das umso mehr, wenn sie glauben, Fälle anführen zu können, wo sie, sogar mit eigener Anstrengung, Gefälligkeiten und Freundschaftsdienste geleistet hätten. Eine ärgerliche Sorte von Menschen, die anderen ihre Dienste vorhalten. Daran soll doch nur der denken, dem diese Dienste geleistet worden sind; wer sie geleistet hat, der darf den anderen nicht ständig daran erinnern.

Es haben also einerseits Höherstehende als Freunde die Pflicht, eine Stufe herunterzusteigen. Auf der anderen Seite sollen sich die Niederen gewissermaßen in die Höhe heben. Es gibt ja Leute, die sich selbst jede Freundschaft verderben, indem sie sich missachtet fühlen – was freilich fast nur bei denen vorkommt, die selbst davon überzeugt sind, dass sie eine solche Geringschätzung verdienen. Die sollte man von ihren Minderwertigkeitsgefühlen nicht nur mit Worten, sondern mit tätiger Hilfe kurieren.

Du darfst aber einem jeden nur so viel zukommen lassen, dass es zum einen deine Kräfte nicht übersteigt und dass zum andern der, den du liebst und unterstützen möchtest, damit auch nicht überfordert ist. Du kannst nämlich nicht – auch wenn du eine noch so hervorragende Persönlichkeit bist – all deine Freunde in höchste Stellen befördern. So konnte Scipio den Publius Rupilius zum Konsul machen, dessen Bruder Lucius aber nicht. Wenn du dem andern auch jedes beliebige Amt verschaffen könntest, müsstest du doch dabei berücksichtigen, wie viel er leisten kann. Überhaupt darf man über Freundschaften erst urteilen, wenn die Charaktere im Lauf der Jahre die gehörige Reife und Festigkeit erreicht haben. Wer etwa in der Jugend Freude an der Jagd und am Ballspiel hatte, braucht später nicht diejenigen zu nahen Vertrauten zu haben, die er damals gern mochte, weil sie seine Interessen teilten. Nach solchem Maßstab müssten ja die Ammen und Erzieher mit dem Vorrecht des Alters unsere meiste Zuneigung für sich beanspruchen; man darf sie zwar nicht vernachlässigen, aber ihre Wertschätzung geht doch von ganz anderen Maßstäben aus. Anders können Freundschaften nicht Bestand und Dauer haben. Ist der Charakter verschieden, sind es folgerichtig auch die Interessen, und diese fehlende Übereinstimmung führt zum Ende der Freundschaften. Das ist der Grund, weshalb Gute nicht mit Schlechten, Schlechte nicht mit Guten befreundet sein können: weil nämlich zwischen ihnen der denkbar größte Abstand in Charakter und Neigungen besteht.

Mit Recht kann auch das als Regel für die Freundschaft gelten: Es soll kein Übermaß an Zuneigung die Freunde bei vorteilhaften wichtigen Unternehmungen behindern, wie das recht oft vorkommt. So hätte ja Neoptolemos – um zur Sagenwelt zurückzukehren – Troia niemals einnehmen können, wenn er auf Lykomedes, bei dem er aufgezogen worden war, hätte hören wollen, als dieser ihn unter heißen Tränen von seinem Zug abbringen wollte.[37] Es treten auch oft bedeutsame Ereignisse ein, so dass man seine Freunde verlassen muss. Wer sich da hindernd in den Weg stellt, weil er angeblich vor trauernder Sehnsucht umkommt, der ist eine schwächliche und weichliche Natur und wird gerade aus diesem Grund einer Freundschaft zu wenig gerecht. Und so ist in jedem Fall gründlich zu erwägen, was du von deinem Freund fordern kannst und was du dir selbst dabei zumuten willst.

21

Allerdings kann man bisweilen auch in die unange-
nehme Lage kommen, Freundschaften ganz aufge-
ben zu müssen. Ich gehe ja in meinem Vortrag von
den Freundschaften der Weisen schon eine Stufe tie-
fer zu denen der Durchschnittsmenschen. Es treten
da häufig Fehler an Freunden zutage, die sich bald
gegen Freunde selbst, bald gegen Außenstehende
richten, aber auch dann fällt Schimpf und Schande
auf die Freunde zurück. Solche Freundschaften also
sind durch Einschränkung im Umgang allmählich zu
beenden und, wie ich Cato sagen hörte, mehr lang-
sam aufzutrennen als zu zerreißen, es müsste denn
ein ganz unerträgliches Unrecht sozusagen wie ein
plötzliches Feuer ausgebrochen sein, so dass es weder
recht noch ehrenhaft noch überhaupt möglich wäre,
nicht umgehend einen Bruch und eine Trennung
herbeizuführen. Wenn aber im Charakter oder in den
Interessen ein Wandel eintritt, wie das ja durchaus
vorkommt, oder wenn innerhalb der politischen Par-
teiungen eine Zwistigkeit entsteht – ich spreche ja
nun, wie vorher schon erwähnt, nicht mehr von den
Freundschaften der Weisen, sondern von denen der
Durchschnittsmenschen –, dann muss man den Ein-

druck vermeiden, man habe nicht nur eine Freundschaft aufgelöst, sondern zugleich eine Feindschaft begonnen. Nichts ist so hässlich, wie mit dem eine Fehde zu führen, mit dem man in vertrautem Umgang gelebt hat. Von der Freundschaft mit Quintus Pompeius [Nepos] hatte sich Scipio, wie ihr wisst, um meinetwillen zurückgezogen,[38] einer politischen Meinungsverschiedenheit wegen entfremdete er sich von unserem Kollegen Metellus. In beiden Fällen verhielt er sich würdig, ohne dass sein persönliches Ansehen und seine Verstimmung dabei kränkend gewirkt hätten. Deshalb muss man sich von vornherein Mühe geben, dass es unter Freunden kein böses Blut gibt; wenn es aber doch so weit kommt, dann soll man dafür sorgen, dass die Freundschaft eher allmählich erloschen als jäh erstickt zu sein scheint. Aufpassen muss man freilich, dass sich Freundschaft nicht in schwere Feindschaft verkehrt, woraus dann Zänkereien, Beschimpfungen und Beleidigungen entstehen. Doch muss man das, solange es erträglich ist, hinnehmen, aber auf die alte Freundschaft noch so weit Rücksicht nehmen, dass der Beleidiger, nicht der Beleidigte als Schuldiger dasteht.

Überhaupt gibt es bei all diesen Fehlern und Unannehmlichkeiten nur eine Art der Absicherung und eine Art der Vorbeugung: Man darf seine Zuneigung nicht überstürzt vergeben und nicht an Unwürdige. Würdig der Freundschaft aber sind die, deren Persönlichkeit der Grund dafür ist, dass man sie liebt. Eine seltene Gattung! Zwar ist alles Vortreffliche selten, und nichts ist schwieriger, als etwas zu finden, das in jeder Hinsicht in seiner Art vollendet wäre. Doch die meisten kennen in den menschlichen Beziehungen nichts Gutes, außer was Gewinn bringt, und so sind ihnen von ihren Freunden, gerade so wie bei ihrem Vieh, die am liebsten, von denen sie sich den größten Gewinn erhoffen. So bleibt ihnen die schönste, im wahrsten Sinne naturgemäße Art der Freundschaft versagt, die an sich und um ihrer selbst willen erstrebt wird. Und sie können die wahre Kraft der Freundschaft, ihr Wesen und ihre Wirkung nicht beispielhaft an sich selbst erfahren. Jeder liebt ja sich selbst, nicht etwa, um von sich irgendeinen Lohn für seine Liebe einzufordern, sondern weil eben ein jeder sich selbst von Natur aus teuer ist. Wenn man das gleiche nicht auf die Freundschaft überträgt, wird man niemals einen wahren Freund finden, denn dieser ist gleichsam unser zweites Ich.[39]

Es zeigt sich ja schon bei Tieren – ob sie Flügel haben, schwimmen oder auf dem Land leben, gezähmt oder wild sind –, dass sie sich erstens selbst lieben – dieser Trieb entsteht ja bei jedem Lebewesen mit seiner Geburt –, sodann dass sie nach Wesen von der gleichen Art suchen und bestrebt sind, sich an sie anzuschließen, und sie tun das mit Verlangen und einem der menschlichen Liebe ähnlichen Gefühl. Um wie viel mehr geschieht das erst beim Menschen, seiner Natur gemäß, der sowohl sich selbst liebt als auch mit Eifer nach einem anderen sucht, um dessen Wesen so mit dem seinen zu verschmelzen, dass er geradezu aus beiden eines macht.

22

Doch die meisten wollen auf eine verkehrte, um nicht zu sagen unverfrorene Art ihren Freund so haben, wie sie selber nicht sein können, und was sie selber ihren Freunden gegenüber nicht leisten, das verlangen sie von ihnen. Es gehört sich aber, zunächst einmal selbst ein anständiger Mensch zu sein und dann nach einem anderen zu suchen, der uns ähnlich ist. Nur unter solchen Menschen kann sich jene beständige Freundschaft festigen und halten, mit der wir uns nun schon eine ganze Weile beschäftigen: wenn es nämlich Menschen sind, die, in Zuneigung verbunden, zuerst ihre Leidenschaften beherrschen, denen die übrigen frönen, dann Freude an dem haben, was recht und billig ist, die alles für den anderen auf sich nehmen und bei denen keiner je vom anderen etwas fordert, was nicht anständig und recht ist, die nicht nur äußere Zuneigung und Achtung an den Tag legen, sondern auch Respekt voreinander haben. Denn der beraubt die Freundschaft ihrer höchsten Zierde, wer ihr das gegenseitige Respektieren nimmt. Daher befinden sich diejenigen in einem verhängnisvollen Irrtum, die glauben, in der Freundschaft für alle Gelüste und Verfehlungen freie Bahn zu haben.

Als Helferin der Tugend ist uns die Freundschaft von der Natur gegeben, nicht als Genossin der Laster. Da die Tugend für sich allein nicht zum höchsten Ziel gelangen kann, soll sie gemeinsam und verbunden mit der Tugend eines anderen dorthin kommen.[40] Und wo eine solche Gemeinschaft unter Menschen besteht, bestanden hat oder bestehen wird, da ist es für sie das beste und glücklichste Geleit zur höchsten Vollendung ihrer Natur. Dies ist, sage ich, die Gemeinschaft, die alles in sich schließt, was Menschen für erstrebenswert erachten: Ehre, Ruhm, innere Ruhe und Heiterkeit des Gemüts. Wo wir diese Güter finden, da ist das Leben glücklich, ohne sie kann es das nicht sein. Da ein glückliches Leben unser höchstes und schönstes Ziel ist, müssen wir uns, wenn wir es erreichen wollen, um die Tugend bemühen, ohne die wir weder Freundschaft noch überhaupt ein anderes erstrebenswertes Gut erlangen können. Wer sich aber um sie nicht kümmert und dennoch Freunde zu besitzen meint, der wird erst dann seinen Irrtum einsehen, wenn ihn irgendein Schicksalsschlag zwingt, seine Freunde auf die Probe zu stellen. Und ebendarum muss man – ich betone es immer wieder – erst prüfen, dann lieben und nicht jemanden erst dann prüfen, wenn man ihn schon liebgewonnen hat.[41] Wie wir in vielen anderen Fällen für unsere Nachlässigkeit büßen müssen, so ganz besonders bei der Wahl und der richtigen Behandlung unserer

Freunde. Wir stellen nämlich unsere Überlegungen erst hinterher an und wollen Geschehenes ungeschehen machen, was uns ein altes Sprichwort verbietet.[42] Wenn wir beiderseits schon gebunden sind durch längeren vertrauten Umgang oder gar durch gegenseitige Dienstleistungen, brechen wir dann plötzlich mitten in der Bahn die Freundschaft ab, nur weil es irgendeinen Verdruss gegeben hat.

23

Ein derartiges leichtfertiges Verhalten ist umso mehr zu tadeln, da es sich hier um etwas Wichtiges und Unentbehrliches handelt. Freundschaft ist nämlich das einzige der menschlichen Güter, über dessen Nutzen sich alle einig sind. Selbst über die Tugend urteilen viele geringschätzig und meinen, es gehe dabei nur um eine Art von Großtun und Selbstdarstellung. Viele wieder verachten den Reichtum, da sie sich mit wenigem begnügen und an einfacher Kost und Lebenshaltung Gefallen haben. Ehrenstellen gar, um die manche mit brennendem Eifer bemüht sind – wie viele verachten sie in solchem Maß, dass sie nichts für so wertlos, so unbedeutend halten! Und ebenso ist es mit anderen Dingen, die manchem bewundernswert erscheinen: Da gibt es viele, die sich gar nichts daraus machen. Über die Freundschaft aber denken alle ohne Ausnahme das gleiche: Wer sich der öffentlichen Tätigkeit widmet oder wer an wissenschaftlicher Erkenntnis seine Freude hat und wer frei von Staatsgeschäften seinen eigenen Angelegenheiten nachgeht, schließlich auch wer sich gänzlich dem Genuss hingegeben hat – sie alle sind sich einig, ein Leben ohne Freundschaft sei kein Leben, wenn man nur einigermaßen mit Anstand leben wolle.

Ganz unbemerkt breitet sich ja die Freundschaft in allen Lebensbereichen aus und lässt es einfach nicht zu, dass man sich sein Leben irgendwie ohne sie einrichtet. Ja, selbst wenn einer ein so abstoßendes, rohes Wesen hat, dass er das Zusammensein mit Menschen meidet und verabscheut – so soll in Athen ein gewisser Timon gewesen sein[43] –, auch der könnte es doch nicht über sich bringen, ohne einen zu sein, bei dem er das Gift seines Menschenhasses ausspritzen könnte. Und dies würde sich am besten beurteilen lassen, wenn folgendes geschehen könnte: Irgendein Gott würde uns aus der menschlichen Umgebung hier entrücken und uns irgendwohin in die Einsamkeit versetzen, uns dort alles, wonach unsere Menschennatur verlangt, in überreicher Fülle zur Verfügung stellen, aber das alles ohne die Möglichkeit, einen anderen Menschen auch nur zu sehen. Wer wäre da so eisenhart, dass er dieses Leben ertragen könnte und dass ihm das Alleinsein nicht die Freude an allen Genüssen raubte?

Es ist also ein wahres Wort, das Archytas aus Tarent[44] – er war es doch, wie ich annehme – öfter aussprach, wie ich es von unseren Alten gehört habe, die es wieder von anderen alten Männern vernommen haben: »Wenn einer in den Himmel hinaufstiege und das Wesen des Weltalls und die Schönheit der Gestirne schaute, so wäre doch dieser wundersame Anblick für ihn ohne Reiz. Es wäre für ihn aber die größte Freude gewesen, wenn er jemand dabeigehabt hätte, mit dem er hätte darüber reden können.« So liebt die menschliche Natur kein Alleinsein, sondern sucht immer eine Stütze, um sich anzulehnen. Und diese in einer innig vertrauten Seele zu finden, ist das Erfreulichste überhaupt.

24

Aber obwohl unsere Natur durch so viel Zeichen zu erkennen gibt, was sie möchte, was sie sucht und begehrt, sind wir doch unbegreiflicherweise taub dafür und hören nicht auf ihre Mahnungen. Der Umgang mit Freunden bringt ja allerlei Wechsel und Veränderungen mit sich; es bieten sich zahlreiche Anlässe zu Argwohn und Verdruss, die der Weise bald vermeiden, bald mildern, bald ertragen wird. Eines darf keinen Anstoß erregen, damit die Vorteile wie auch Treu und Glauben in der Freundschaft erhalten bleiben: Freunde müssen öfter ermahnt und auch zurechtgewiesen werden, und das hat man freundschaftlich hinzunehmen, wenn es in wohlwollender Absicht geschieht. Doch ist es leider wahr, was mein Freund in seinem *Mädchen von Andros* sagt:[45]

»Nachgiebigkeit schafft Freunde, Wahrheit Hasser.«

Unangenehm ist die Wahrheit, zumal wenn aus ihr Hass entsteht, ein wahres Gift für die Freundschaft, doch Nachgiebigkeit ist noch unangenehmer, weil sie durch Nachsicht mit Verfehlungen den Freund in sein Unglück rennen lässt. Die meiste Schuld aber liegt bei dem, der zuerst die Wahrheit nicht hören will und sich dann durch die Nachgiebigkeit zum Selbstbetrug verleiten lässt. In dieser Situation muss man also Rücksicht nehmen und Sorgfalt walten lassen: zunächst dass die Mahnung ohne verletzende Schroffheit, der Tadel ohne Beleidigung erfolgt; der Nachgiebigkeit indessen »stehe Freundlichkeit helfend zur Seite« – ich gebrauche nun einmal gern ein Wort des Terenz –, Liebedienerei aber, die Helfershelferin der Laster, jagen wir weit fort; sie ist nicht bloß eines Freundes, sondern überhaupt eines freien Menschen unwürdig. Anders lebt man ja mit einem Tyrannen, anders mit einem Freund. Wer sein Ohr aber für die Wahrheit verschlossen hat, so dass er von seinem Freund kein wahres Wort vernehmen will, dem ist nicht zu helfen. Es ist nämlich ein treffender Ausspruch von Cato – wie so viele von ihm: »Um manche machen sich ihre grimmigen Feinde mehr verdient als ihre scheinbar so lieben Freunde.«[46] Die einen sagen oftmals die Wahrheit, die anderen nie. Auch ist es widersinnig, wenn Leute, die ermahnt werden, nicht daran Unbehagen empfinden, was ihnen unangenehm sein müsste, sondern daran, was sie hinnehmen müssten. Ihre Verfehlung macht ihnen nämlich gar nichts aus, den Tadel aber nehmen sie übel. Das Gegenteil wäre in Ordnung: Sie sollten über ihr Vergehen betrübt und über die Zurechtweisung froh sein.

25

Zu einer echten Freundschaft gehört es also, zu ermahnen und sich ermahnen zu lassen. Das eine muss man freimütig tun, aber nicht verletzend, das andere gilt es geduldig hinzunehmen, ohne Widerstreben. Man muss sich aber auch bewusst sein, dass es in der Freundschaft kein schlimmeres Gift gibt als Kriecherei, Schmeicheln und Liebedienerei, es gibt gar nicht genug Namen, um dieses Laster charakterloser und betrügerischer Menschen anzuprangern, die in allem dem andern nach dem Munde reden, wobei oft kein wahres Wort daran ist. Zwar ist Heuchelei in jedem Fall ein Laster – sie raubt nämlich die klare Sicht auf die Wahrheit und gibt ein falsches Bild –, doch für die Freundschaft ist sie der schlimmste Feind. Sie zerstört die Wahrhaftigkeit, ohne die der Begriff der Freundschaft keine Gültigkeit haben kann. Das Wesen der Freundschaft liegt ja gerade darin, dass mehrere gleichsam ein Herz und eine Seele werden. Wie soll das aber möglich sein, wenn nicht einmal der einzelne eine einheitliche Gesinnung hat, die stets gleich bleibt, wenn er vielmehr wankelmütig, wetterwendisch und unbeständig ist? Was ist denn so windig, so unstet wie einer, der sich nicht nur auf die Gesinnung und Absicht des anderen einstellt, sondern sogar auf seine Miene und auf jeden Wink?

»Sagt jemand nein, so sage ich nein, sagt er ja, sage ich ja. Kurzum, ich habe es mir zum Gesetz gemacht, immer allem beizustimmen.«

Das sagt wieder Terenz, jedoch in der Rolle des Schmarotzers Gnatho. Solch eine Sorte von Freunden an sich heranzulassen, ist sträflicher Leichtsinn.

Es gibt aber viele solche Gnathos, die aufgrund ihrer Herkunft, ihrer Stellung und ihres Rufes höher stehen als er. Deren Liebedienerei ist ärgerlich, da ihr leeres Gerede durch ihr Ansehen Gewicht erhält.

Es lässt sich jedoch mit einiger Vorsicht der schmeichlerische Freund vom wahren sondern und unterscheiden, gerade so wie alles Geschminkte und Nachgemachte vom Echten und Wahren. Eine Volksversammlung, die aus ganz unerfahrenen Leuten besteht, merkt in der Regel doch den Unterschied zwischen einem »Volksfreund«, das heißt einem windigen Mann, der dem Volk nach dem Mund redet, und einem charakterfesten Bürger, der ernst und würdig auftritt. Mit was für Lobhudeleien suchte Gaius Papirius neulich sich in die Ohren der versammelten Bürger einzuschmeicheln, als er den Gesetzesantrag über die Wiederwahl der Volkstribunen stellte! Ich habe mich dagegen ausgesprochen, doch nichts von mir, ich spreche lieber von Scipio. Wie würdig war seine Rede, bei den unsterblichen Göttern, wie erhaben! Man hätte ihn leicht für den Führer des römischen Volkes halten können, nicht für seinen Gefolgsmann.[47] Doch ihr wart ja dabei, die Rede ist veröffentlicht worden. Und so kam es damals, dass der volkstümliche Gesetzesantrag durch Volkes Stimme abgelehnt wurde. Um auf mich zurückzukommen: Ihr erinnert euch, wie volkstümlich damals im Konsulatsjahr des Quintus [Fabius] Maximus, Scipios Bruder, und des Lucius Mancinus der Gesetzesantrag des Gaius Licinius Crassus über die Priesterämter wirkte! Das Recht zur Ergänzung der Priesterkollegien sollte nämlich der Gunst des Volkes übertragen werden. Dieser Licinius Crassus hat es als erster unternommen, zum Forum hingewandt mit dem Volk in Verbindung zu treten. Dennoch trug die Ehrfurcht vor den unsterblichen Göttern unter meiner Verteidigung mit Leichtigkeit den Sieg davon über seine sich anbiedernde Rede. Und das geschah, während ich Prätor war, fünf Jahre vor meinem Konsulat. So ist diese Sache eher durch ihr eigenes Gewicht als durch die Autorität des höchsten Amtes verteidigt worden.

26

Wenn sich nun schon auf einem öffentlichen Schauplatz, das heißt in der Volksversammlung, wo Erfindung und Verschleierung größten Spielraum haben, dennoch die Wahrheit durchsetzt, wenn sie nur offen dargelegt und ins rechte Licht gerückt wird, wie muss das dann erst in der Freundschaft sein, in der allein die Wahrhaftigkeit ausschlaggebend ist! Du kannst ja dem Freund, wie man so sagt, nicht ins Herz schauen, während du dein eigenes offen zeigst. Du hast nichts Sicheres in der Hand, was Treue und Zuverlässigkeit angeht, Liebe und Gegenliebe, da du nicht weißt, inwieweit dieses Gefühl aufrichtig ist. Immerhin kann die erwähnte Liebedienerei, so schädlich sie auch ist, doch nur dem schaden, der sich für sie empfänglich zeigt und an ihr Gefallen findet. So kommt es, dass derjenige am ehesten ein offenes Ohr für Schmeichler hat, der sich gerne selbst lobt und an sich selbst das meiste Gefallen findet.

Allerdings liebt die Tugend auch sich selbst, sie kennt sich ja am besten und weiß, wie liebenswert sie ist. Ich spreche aber jetzt nicht von der wirklichen Tugend, sondern von der Vorstellung, die man sich so von ihr macht. Denn wirklich tugendhaft sein, das wollen nicht so viele, es gibt mehr, die wollen lieber so scheinen als sein. Denen gefällt die Schmeichelei; wenn sich jemand an sie wendet mit einem Sermon, der nach ihren eigenen Wunschvorstellungen erdichtet ist, dann halten sie dieses leere Gerede für ein Zeugnis ihrer ruhmreichen Verdienste. Das ist aber keine Freundschaft, wenn der eine die Wahrheit nicht hören und der andere Lügen auftischen will. Und die Schmeicheleien der Schmarotzer im Theater erschienen uns nicht witzig, wenn's nicht wirklich solche gäbe wie den ruhmredigen Soldaten:

»Es sagt mir Thais also wirklich großen Dank?«[48]

Es wäre genug gewesen zu antworten: »Ja, vielen Dank!« »Ungeheuren«, sagt der andere aber. Stets vergrößert der Schmeichler das, was der, dem er nach dem Munde redet, groß haben will.

Zwar finden solche lügenhaften Schmeicheleien bei denen besonderen Anklang, die von sich aus dazu anlocken und einladen, es gilt aber auch für durchaus ernsthafte und charakterfeste Männer die warnende Mahnung, sich nicht von fein ausgeklügelter Schmeichelei einfangen zu lassen. Wer offen heraus zu Gefallen redet, den erkennt jeder halbwegs Gescheite. Dass aber der gewitzte und versteckte Schmeichler sich nicht einschleicht, dagegen muss man sich mit aller Vorsicht wappnen. Denn der ist gar nicht so leicht zu erkennen, da er seine Liebedienerei sogar durch Widerspruch übt und in scheinbarem Streit seine Schmeicheleien anbringt. Schließlich streckt er dann die Waffen und gibt sich besiegt, damit sich der andere, mit dem er sein Spiel getrieben hat, als der Schlauere vorkommen darf. Sich so zum Narren halten zu lassen, ist doch gar zu schändlich. Damit es erst gar nicht so weit kommt, muss man sich gehörig vorsehen:

>Du hast mich heute noch mehr als all die alten Narren in der Komödie hin und her gejagt und sauber verulkt!«[49]

Auch in den Theaterstücken spielen ja die unbedachten und leichtgläubigen Greise die einfältigste Rolle. Aber ich weiß nicht wie, mir ist mein Vortrag über die Freundschaft vollkommener, das heißt weiser Menschen – ich meine die Weisheit, die für den Menschen zu erreichen ist – zu einer niedrigen Ebene von Freundschaften abgesunken. Daher wollen wir nochmals zu meinen Hauptgedanken zurückkehren und diese nun endlich zum Abschluss bringen.

27

Die Tugend, die Tugend, sage ich, Gaius Fannius und du, mein Quintus Mucius, sie ist es, die Freundschaften schließt und erhält. In ihr liegt die Harmonie, Beständigkeit und Festigkeit; wo sie zum Vorschein kommt und ihr Licht leuchten lässt und ein gleiches an einem anderen erblickt und erkannt hat, wendet sie sich diesem zu und nimmt ihrerseits das auf, was im andern ist; daran entzündet sich *amor*, Liebe, beziehungsweise *amicitia*, Freundschaft. Beide Worte sind nämlich von *amare* abgeleitet, *amare* aber bedeutet nichts anderes als einen Menschen zu erwählen, den man liebt, ganz ohne ihn nötig zu haben, ohne einen Vorteil zu suchen: Dieser erblüht jedoch von selbst aus der Freundschaft, auch wenn du ihn nicht eigens gesucht hast.

Mit diesem Gefühl der Zuneigung haben wir in unserer Jugend jene älteren Männer geliebt: den Lucius Paulus, Marcus Cato, Gaius Galus, Publius Nasica [Corculum], Tiberius Gracchus, den Schwiegervater unseres Scipio. Noch mehr Leuchtkraft hat ein solches Gefühl unter Gleichaltrigen, wie zwischen mir und Scipio, Lucius Furius [Philus], Publius Rupilius und Spurius Mummius. Andererseits finden wir in unserem Alter Freude und Befriedigung in der Liebe jüngerer Leute, zum Beispiel von euch und Quintus Tubero. Ich selbst freue mich auch an dem vertrauten Umgang mit dem noch jungen Publius Rutilius und Aulus Verginius. Weil nun aber unser Leben und unsere Natur so eingerichtet sind, dass immer eine Generation die andere ablöst, wäre es allerdings höchst wünschenswert, dass man mit seinen Altersgenossen, mit denen man gleichsam aus den Schranken gelassen wurde, auch, wie man so sagt, die Ziellinie erreicht.

Doch da alles Menschliche vergänglich und hinfällig ist, sind wir notwendigerweise immer wieder auf der Suche nach Menschen, die wir lieben und von denen wir geliebt werden können. Fehlen Liebe und Zuneigung, fehlt nämlich alles Erfreuliche im Leben. Für mich lebt Scipio noch, obwohl er so plötzlich dahingerafft wurde – und er wird für mich immer leben, ich habe an ihm seine Tugend geliebt, und ihr Licht ist nicht erloschen. Nicht nur mir allein steht sie vor Augen, der ich sie immer gegenwärtig hatte, auch unsere Nachkommen werden ein klares und deutliches Bild von ihr haben.

Keiner, der jemals etwas Bedeutendes erhofft oder unternimmt, wird dies tun, ohne sich Scipio in lebendiger Erinnerung als Vorbild vor Augen zu stellen.

Ich jedenfalls habe von allen Gütern, die mir das Glück oder die Natur geschenkt hat, keines, das ich mit der Freundschaft Scipios vergleichen könnte. In ihr fand ich Übereinstimmung in politischen Fragen, Rat in persönlichen Dingen, in ihr auch genussreiche Erholung.[50] Niemals habe ich ihn gekränkt, nicht einmal in der geringsten Kleinigkeit, wenigstens soweit ich es bemerkt habe. Nichts habe ich von ihm gehört, was ich nicht hätte hören mögen. *Ein* Haus hatten wir, die gleiche gemeinsame Lebensweise; nicht nur während des Kriegsdienstes, auch auf unseren Reisen und bei unseren Landaufenthalten waren wir beisammen. Und was soll ich noch sagen von unserem gemeinsamen Bestreben, stets etwas Neues zu erfahren und zu lernen, womit wir, den Augen der Menge entzogen, unsere ganze freie Zeit verbrachten?

Wären die Erinnerung und das Andenken an diese Dinge nun zugleich mit ihm dahin, dann könnte ich die Sehnsucht nach einem so eng vertrauten und so innig geliebten Mann nie und nimmer ertragen. Doch das alles ist ja nicht ausgelöscht, es wird vielmehr genährt und mehrt sich noch in meinem Zurückdenken und Erinnern. Selbst wenn mir diese Erinnerungen ganz und gar genommen würden, hätte ich doch einen großen Trost an meinem Alter; allzu lange kann ich ja in diesem Zustand trauernder Sehnsucht nicht mehr bleiben. Alles aber, was nur von kurzer Dauer ist, muss zu ertragen sein, auch wenn es weh tut.

Das war es, was ich über die Freundschaft zu sagen hatte. Euch aber mahne ich, die Tugend, ohne die es keine Freundschaft geben kann, so hoch zu schätzen, dass ihr, sie ausgenommen, nichts Wertvolleres habt als die Freundschaft.

Anmerkungen

Laelius de amicitia wurde übersetzt nach der Edition der Schriften Ciceros in der Teubner-Ausgabe, Leipzig 1917 [Nachdr. Stuttgart 1971], Fasz. 47, hrsg. von O. Plasberg und W. Ax. – Alle nicht näher gekennzeichneten Jahreszahlen in den Anmerkungen beziehen sich auf die Zeit vor Christus.

1 Der junge Römer wurde, nachdem er mit 16 Jahren die *toga virilis*, die Männertoga, angelegt hatte, einem angesehenen Mann des öffentlichen Lebens zugeführt (*deductio*), der ihn unterweisen sollte, durch den er das politische Leben auf dem Forum und im Senat kennenlernte und zu dem er auch eine persönliche Bindung aufbaute. Cicero eignete sich bei Mucius Scaevola umfassende Rechtskenntnisse an.

2 P. Sulpicius Rufus ging von der Partei des Sulla zu der des Marius über, also von der Nobilität zur Volkspartei. Q. Pompeius Rufus war 88 mit Sulla zusammen Konsul. Die Auseinandersetzungen führten zu blutigen Kämpfen (durch die Atticus persönlich gefährdet war) und schließlich zu Sullas Terrorregime. – Das Thema Freundschaft tritt hier schon beziehungsvoll in Erscheinung (vgl. Kap. 10).

3 Marcus Porcius Cato der Ältere (zur Unterscheidung von seinem Urenkel Cato Uticensis, dem Jüngeren), 234–149, Konsul 195, Zensor 184, erfolgreicher Feldherr, Redner, Schriftsteller und Landwirt. Erhalten ist *De agri cultura / Über die Landwirtschaft* (Lat./Dt., übers. und hrsg. von H. Froesch, Stuttgart 2009). Bei Cicero und Seneca Vorbildgestalt für römische *virtus*: Sittenstrenge und Pflichtbewusstsein. – In Ciceros Dialog (*Keine Angst vor dem Älterwerden!*, übers. von M. Giebel, Stuttgart 2010) ist Cato 84 Jahre alt.

4 Sokrates. Als die »Sieben Weisen« galten die frühgriechischen Philosophen Thales von Milet, Solon, Periander,

Kleobulos, Chilon, Bias, Pittakos (auch andere Namen werden genannt). Sie gaben einen goldenen Dreifuß, der dem Weisesten der Griechen gehören solle, an Apollon von Delphi, dessen Orakel später Sokrates als den Weisesten nannte.

5 Das philosophische Ideal der Autarkie, der Selbstgenügsamkeit des Weisen, besonders betont von den Stoikern, wie von Seneca.

6 Der jeweils 7. oder 5. Monatstag. An diesem Termin versammelte sich das Priesterkollegium der Auguren, die Erscheinungen wie Blitz und Donner oder den Vogelflug beobachteten und als Zeichen (*auspicium*) deuteten, wodurch die Götter ihre Zustimmung oder Ablehnung bestimmter Vorhaben des Staates kundtaten.

7 Nach der strengen Doktrin der Stoiker ist jeder Affekt abzulehnen, auch Trauer und Mitleid, da dies den Zustand der *apatheia* stört, des Freiseins von Affekten, das zur Unerschütterlichkeit des Weisen gehört. Cicero wie auch Seneca sehen in einer solchen Haltung einen Mangel an Menschlichkeit (*humanitas*).

8 P. Cornelius Scipio Aemilianus Africanus minor, der Jüngere genannt, im Gegensatz zu seinem Adoptivgroßvater Scipio Africanus dem Älteren, dem Sieger über Hannibal (vgl. Anm. 12). Der jüngere Scipio war 147 mit 38 Jahren zum ersten Mal Konsul; das vorgeschriebene Mindestalter war damals 43 Jahre. 134 war er zum zweiten Mal Konsul. Den schweren und langwierigen Krieg gegen die spanische Stadt Numantia hätte Scipio, so meint Laelius, bei einem früheren Konsulat schon eher siegreich beendet. Er zerstörte Numantia im Jahr 133, Karthago schon 146 und führte danach die Beinamen Numantinus und Africanus. – Sein plötzlicher Tod mit 56 Jahren (129) gab Anlass zu dem Verdacht, er sei von seinen politischen Gegnern ermordet worden (vgl. Anm. 26).

9 Die Bewohner der Landschaft Latium hatten den Status von *socii*, Bundesgenossen der Römer. Scipio setzte sich dafür

ein, dass ihr Gebiet von der von den Gracchen geplanten Landenteignung ausgenommen wurde.

10 Die Epikureer, deren Lehren seit 155 in Rom bekannt wurden. Vgl. Cicero, *Gespräche in Tusculum* [*Tuskulanen*] 4,6 f. Sie folgten der Atomlehre des Demokrit, der zufolge die Seele aus leichten Atomen zusammengesetzt ist, die sich beim Tod auflösen und zerstreuen. Vgl. die Diskussion im 1. Buch der *Tuskulanen*. Die Ehrungen für die Toten ebd., 1,27.

11 Großgriechenland, *Magna Graecia*, das von Griechen besiedelte Unteritalien. Hier hatte Pythagoras, von Samos kommend, 509 in Kroton eine philosophische Schule begründet, zu der die Lehre von der Seelenwanderung gehörte (vgl. *Tuskulanen* 1,38 f.). – Der Weiseste: Sokrates.

12 Ciceros Staatsschrift *De re publica / Vom Staat* mit dem *Somnium Scipionis* (6,9 ff.): Hier erscheint dem Scipio in einer Traumvision sein Adoptivgroßvater Scipio Africanus der Ältere (vgl. Anm. 8) und zeigt ihm die Räume des Kosmos und den Lohn des Staatsmannes im Jenseits. (Vgl. Cicero, *Gespräche über Freundschaft, Alter und die Freiheit der Seele*, hrsg. von M. Giebel, Stuttgart 2009, sowie M. Giebel, *Cicero*, Reinbek [17]2008, S. 69 ff.)

13 Theseus und Peirithoos, Orestes und Pylades (vgl. Anm. 19), Achilleus und Patroklos, Damon und Phintias (zu den beiden letzteren vgl. Ciceros *Tuskulanen* 5,63 und Schillers Ballade *Die Bürgschaft*: »Zu Dionys dem Tyrannen schlich Damon, den Dolch im Gewande …«).

14 Die Stoiker. Ihre strenge Pflichtauffassung wurde zwar von den Römern gebilligt, ihre Definitionen galten jedoch vielfach als zu theoretisch und wirklichkeitsfremd. So war der stoische Weise ein Ideal, für römische Begriffe aber ein Mensch, der Einsicht und sittliche Tugend verband, was sich im Einsatz für die staatliche Gemeinschaft zeigte. Als Beispiele dafür nennt Cicero die Vorbildgestalten aus Roms Geschichte, bei Seneca ist es daneben noch besonders die

Person Catos des Jüngeren (vgl. Seneca, *Glück und Schicksal*, hrsg. von M. Giebel, Stuttgart 2009). Dass wahre Freundschaft nur zwischen *boni*, Guten, also moralisch integren Personen, bestehen kann, war schon die Überzeugung des Aristoteles, die von den Stoikern, von Cicero wie auch von Seneca geteilt wurde.

15 Der Natur gemäß leben war ein Hauptgrundsatz der stoischen Philosophie. Die Natur aber hat die Menschen zum Leben und Wirken in der Gemeinschaft bestimmt, wie es römischer Tradition entsprach. Daher lebten die Vorbildgestalten Roms auch ohne philosophische Vorbildung nach dieser Maxime. Vgl. Cicero, *De officiis / Vom pflichtgemäßen Handeln* 1,22 und Scipios Traum aus *De re publica / Vom Staat* 6,9.

16 Q. Ennius, römischer Dichter aus Rudiae in Kalabrien (239–169), von Cato nach Rom gebracht, als Mittler griechischer Bildung dem Freundeskreis um Scipio nahestehend, schrieb Tragödien und Komödien und ein Geschichtsepos *Annales* (vgl. Ennius, *Fragmente*, Lat./Dt., ausgew., übers. und hrsg. von O. Schönberger, Stuttgart 2009).

17 Die bekannte Definition des Freundes als *alter ego*, zweites Ich, vgl. Anm. 39.

18 Agrigent, griech. Akragas, an der Südküste Siziliens, Heimat des Philosophen Empedokles (um 494–434), eines der Vorsokratiker. Er nimmt in seiner Kosmogonie neben den vier Elementen Erde, Luft, Feuer und Wasser zwei Prinzipien an: Liebe bzw. Freundschaft und Streit bzw. Zwietracht. Diese wirken auf die Elemente ein, verbindend durch die Liebe, trennend durch den Streit. (vgl. *Die Vorsokratiker*, Griech./Dt., ausgew., übers. und erl. von J. Mansfeld und O. Primavesi, Stuttgart 2011, S. 392 ff.).

19 M. Pacuvius, römischer Tragödiendichter (220–130), Neffe des Ennius, Freund des Laelius. Seine Dramen sind nicht erhalten. Das hier genannte Stück behandelt die Atridensage: Orest, der Sohn König Agamemnons von Mykene, ist

nach dem Muttermord zusammen mit seinem Freund Pylades auf der Flucht. Bei ihrer Gefangennahme soll Orest getötet werden, da gibt sich Pylades als Orest aus.

20 Vgl. Anm. 12. L. Furius Philus, Freund des Scipio, Dialogpartner in Ciceros Staatsschrift, hatte es übernommen, gemäß der akademischen Praxis des Für- und Wider-Argumentierens gegen die Gerechtigkeit zu sprechen.

21 C. Fabricius Luscinus, Konsul 282 und 278, sowie M.' Curius Dentatus, Konsul 290, 275, 274, galten als Vorbilder altrömischer Schlichtheit und Sittenstrenge (vgl. auch Kap. 11). Tarquinius Superbus (d. h. der Hochmütige), der letzte Etruskerkönig, wurde nach dem Frevel an Lucretia aus Rom vertrieben. Sp. Cassius Vecellinus, Konsul 502, 493, 486, wurde ebenso wie Sp. Maelius verdächtigt, nach der Alleinherrschaft zu streben. – Pyrrhos, König von Epirus 319–272, errang verlustreiche Siege im Kampf gegen die Römer (»Pyrrhussiege«). Er entließ römische Kriegsgefangene ehrenvoll und ohne Lösegeld nach Hause, während Hannibal sich grausam gegen Gefangene zeigte.

22 Vorwurf gegen die Epikureer mit ihrem obersten Prinzip der Lust, die hier vergröbernd als bloße Sinnenlust verstanden wird. Vgl. auch Anm. 30. – Dass der Mensch im Gegensatz zum Vieh aufgerichtet nach oben blicken kann, wird oft als ein verpflichtendes Privileg angesehen, so u. a. von Platon und Xenophon. Vgl. Cicero, *De legibus / Von den Gesetzen* 1,26.

23 Dies ist, wie das folgende zeigt, nur als Idealfall anzusehen. Aristoteles erklärt, die Freundschaft der tugendhaften Menschen sei beständig, da diese mit sich selbst und untereinander einträchtig sind und sich sozusagen immer gleich bleiben. Doch auch er sieht viele Gründe für eine Veränderlichkeit von Freundschaften. Vgl. besonders das 8. und 9. Buch der *Nikomachischen Ethik* [*N. E.*].

24 Cn. Marcius Coriolanus (5. Jh. v. Chr.), Feldherr Roms im Kampf gegen die Volsker, ging aus gekränktem Ehrgeiz zu

ihnen über und zog gegen Rom (vgl. das Drama Shakespeares). – Zu Spurius Vecellinus und Maelius vgl. Anm. 21.

25 Tib. Sempronius Gracchus (162–132) und sein Bruder Gaius (153–121) strebten als Volkstribunen eine Landreform zugunsten ärmerer Schichten an, scheiterten aber am Widerstand der Senatspartei und kamen bei Unruhen um. Die durch die Auseinandersetzungen ausgelöste schwere Erschütterung des Staatswesens prägte das negative Bild der Gracchen in den senatorischen Kreisen. Ihr Parteigänger C. Blossius floh nach Kleinasien und schloss sich dort einer sozialrevolutionären Bewegung gegen Rom an. Als deren Führer Aristonikos besiegt wurde, beging Blossius 129 Selbstmord.

26 Laelius erinnert an den Verdacht, Scipio sei ermordet worden (vgl. Kap. 3). Der genannte Carbo (C. Papirius Carbo, Konsul 120) gehörte zu den Verdächtigten.

27 A. Gabinius, Volkstribun 139, brachte ein Gesetz zur geheimen Abstimmung durch Stimmtäfelchen ein, während früher bei Wahlen der Magistrate mündlich abgestimmt worden war. Die Senatspartei lehnte dies ab, da es die Überprüfung der Loyalität ihrer Anhänger erschwerte. – L. Cassius Longinus Ravilla brachte als Ergänzung dazu 137 ein Gesetz ein über die schriftliche Abstimmung bei Gerichtsverfahren (*lex tabellaria*).

28 Themistokles war siegreicher Feldherr 480 in der Seeschlacht von Salamis gegen die Perser, wurde aber 470 wegen politischer Differenzen verbannt und ging ins Exil zu den Persern, wo er um 458 starb, wie es heißt, durch Selbstmord.

29 Hinweis auf die Zeit Ciceros: die Schreckensherrschaft Sullas, die Verschwörung des Catilina, die Cicero als Konsul niederschlug (63), und der Bürgerkrieg, den Caesar mit dem Übergang über den Rubikon entfesselte (49–47), sodann auch die folgende Zeit unter Caesars Alleinherrschaft.

30 Die Epikureer sahen die Freundschaft als Mittel zum glück-

lichen Leben an und pflegten sie; freilich dürfe sie nicht die erwünschte *ataraxía* stören, die Gemütsruhe. Die anderen sind die Kyrenaiker, die Anhänger des Aristipp von Kyrene (um 435–355), die Lust und Genuss hochschätzten und den Ursprung der Freundschaft in Mangel und Bedürfnis sahen; sie diene dem Nutzen (vgl. Kap. 8). Einige von ihnen lehnten die Freundschaft ganz ab, denn der Weise sei autark und brauche keine Freunde. Aristoteles kritisiert diese Ansicht, denn Freunde zu haben und ihnen Gutes zu tun, gehöre zu den Glücksgütern. Seneca erklärt die Selbstgenügsamkeit des Weisen so: Er will nicht ohne Freunde sein, aber er kann es, wenn nötig (*Epistulae* 9,5, vgl. auch *Epistulae* 6,6).

31 Die Stoiker, die jegliche Affektreaktion ausschließen wollen; eine rigide Position, die Laelius bzw. Cicero schon früher abgelehnt hat (vgl. Anm. 7).

32 Bias von Priene empfahl, man solle in der Erwartung lieben, dass man eines Tages hassen werde, denn die meisten Menschen seien schlecht, d. h. sie würden einen enttäuschen (Diogenes Laertios B. 1,87; vgl. auch Valerius Maximus 7, Ext. 3).

33 Zu solchen Konzessionen gehörte es z. B., als Prätor einen Gerichtstermin zu verschieben, bis andere, für den Angeklagten günstigere Beamte ihr Amt angetreten hatten, oder den Zeitpunkt für Anklage und Verteidigung entsprechend zu verlegen. Vgl. Cicero, *De officiis / Vom pflichtgemäßen Handeln* 3,43 ff. und 2,31.

34 *Amicus certus in re incerta cernitur* – der Vers aus einer nicht erhaltenen Tragödie des Ennius wurde zum Sprichwort, sinngemäß auch bei Ovid, *Tristien* 1,9,5 f., und anderen.

35 Ein Sprichwort, das sich schon bei Aristoteles findet, wie *N. E.* 8,1156b: »Denn wie das Sprichwort sagt, kann man einander nicht richtig kennen, bevor man nicht jenes bekannte Quantum Salz miteinander gegessen hat. So kann

man sich vorher auch nicht aufeinander einlassen und Freunde werden, bevor sich nicht einer für den andern als liebenswert erwiesen hat und sein Vertrauen genießt.«

36 Wie Romulus und Remus, die ausgesetzt und von einem Hirten aufgezogen wurden. In der Komödie und später im Roman ein häufiges Motiv, z. B. bei Longos, *Daphnis und Chloe*.

37 Von der Königstochter Deidamia auf Skyros hatte Achilleus den Sohn Neoptolemos, der, von dort durch Odysseus geholt, entscheidend zur Eroberung Troias beitrug. Sein Großvater Lykomedes hatte sich wegen ungünstiger Orakel der Abfahrt widersetzt.

38 Q. Pompeius Nepos hatte Scipio versprochen, Laelius bei der Bewerbung um das Konsulat zu unterstützen; er bewarb sich dann aber selbst und wurde 141 Konsul, Laelius erst ein Jahr später. – Metellus war Kollege des Laelius im Augurenamt.

39 *Alter idem* – »ein anderes Ich«. Dieser Ausspruch ist von Zenon (um 333–262), dem Begründer der Stoa, überliefert (Diogenes Laertios 7,23), er wird aber auch von Aristoteles und anderen gebraucht.

40 Da die Tugend sich im sozialen Handeln verwirklicht, braucht sie die Gemeinschaft, was Cicero in *De re publica / Vom Staat* und *De officiis / Vom pflichtgemäßen Handeln* besonders betont.

41 Vgl. Seneca, *Epistulae* 3,2: »Ja, berate dich in allem mit deinem Freund, über ihn aber vorher. Nachdem man Freundschaft geschlossen hat, muss man vertrauen, vorher urteilen.« Der Rat geht auf Theophrasts verlorenes Werk über die Freundschaft zurück.

42 *Acta agere* – eine schon abgemachte Sache, die sich nicht mehr ändern lässt, noch einmal vornehmen; ein Ausdruck aus der Gerichtssprache.

43 Er wurde sprichwörtlich als Sonderling und Menschenverächter (vgl. Shakespeare, *Timon von Athen*).

44 Archytas von Tarent (um 400), Philosoph in der Nachfolge des Pythagoras, Mathematiker und Staatsmann, Freund Platons.

45 Terenz, *Andria*, V. 68. Der berühmte Komödiendichter P. Terentius Afer (um 195/194 – 159) stand dem Freundeskreis um Scipio und Laelius nahe, die seine Stücke schätzten. Die später folgenden Verse des Terenz sind aus seiner Komödie *Der Eunuch* (3,1 f.). Gnatho ist ein Parasit, ein Schmarotzer und Schmeichler, ein häufiger Typ in der Komödie. Er erklärt hier, wie man mit dieser seiner Tätigkeit, geradezu einem neuen Beruf, gut leben könne.

46 Vgl. auch Cicero, *De officiis / Vom pflichtgemäßen Handeln* 1,91.

47 Scipio war zu der Zeit (131) kein Konsul oder hoher Beamter, also bei seinem Auftritt offiziell nur *comes magistratuum*, »im Gefolge der Magistratspersonen«. – Zur seinerzeit berühmten Rede des Laelius vgl. Cicero, *Brutus* 83.

48 Das Zitat stammt von Terenz, aus dem bereits zitierten Stück *Der Eunuch*. Der Sprecher Thraso ist ein Typ wie der ruhmredige Soldat aus der bekannten Komödie des Plautus: *Miles gloriosus*. Thraso fragt den Schmeichler Gnatho, wie seine Freundin Thais sein Geschenk aufgenommen habe.

49 Aus einer nicht erhaltenen Komödie des C. Caecilius [Statius]: *Epiclerus – Die Erbtochter* (vgl. Cicero, *Cato Maior / Über das Alter* 36).

50 Scaevola erzählte, sein Schwiegervater Laelius und Scipio seien bei Aufenthalten auf dem Land, der Stadt wie einem Kerker entronnen, geradezu wieder Kinder geworden. Sie hätten – man wage es von solchen Männern kaum zu sagen – Muscheln am Strand gesammelt und seien ganz ausgelassen und vergnügt gewesen (vgl. Cicero, *De oratore* 2,22).

Nachwort

»Nichts fehlt mir im Augenblick so sehr, das sollst Du wissen, wie ein Mensch, mit dem ich alles besprechen könnte, was mich bedrückt, der mich liebt, der verständig ist und mit dem ich im Gespräch nichts zurechtbiegen, nichts verheimlichen, nichts verschleiern muss. Denn unsere aus Ehrgeiz geschlossenen Scheinfreundschaften mögen einigen Glanz in der Öffentlichkeit verleihen, für mich privat bringen sie keinen Gewinn.

So ist zwar mein Haus zur Morgenstunde recht voll von Leuten, und wenn ich zum Forum gehe, bin ich umringt von Scharen von Freunden, aber unter der ganzen großen Menge kann ich keinen einzigen finden, mit dem ich freiheraus Scherze machen oder dem ich meinen Kummer anvertrauen könnte. Deshalb warte ich auf Dich, sehne ich mich nach Dir, ja, ich möchte Dich schon längst hier haben.

Es gibt so vieles, was mir Sorgen und Kummer macht; hätte ich Dich als Zuhörer, so brauchte ich nur ein Gespräch auf einem einzigen Spaziergang, um mir das von der Seele zu schaffen.«

So schreibt Cicero im Jahr 60 v. Chr. an seinen Freund Titus Pomponius Atticus (*Epistulae ad Atticum* 1,18,1), und es gibt wohl keine vollkommenere

Definition, was ein wahrer Freund ist und wie viel er bedeutet.

Freunde zu haben war besonders wichtig für Cicero, der nicht aus einer der altadligen Familien Roms stammte (geb. 106 v. Chr. in der Landstadt Arpinum), sondern sich als Newcomer im politischen Leben behaupten musste. Er war angewiesen auf ein Netz von sozialen Kontakten, mit Gesinnungsgenossen, aber auch mit Beziehungen zu Politikern aus anderen Lagern. Diese Art der Nutz- und Zweckbündnisse musste gepflegt werden, um den *cursus honorum*, die Ämterlaufbahn, möglichst bis zum Konsulat erfolgreich zu durchlaufen. Aber Cicero ist sich bewusst, dass diese Beziehungen nur Scheinfreundschaften sind, *fucosae amicitiae*, »geschminkte Freundschaften«, wie er selbst es im Lauf seines Lebens oft bitter erkennen musste. Als Konsul hatte man ihn 63 v. Chr., nach der Niederschlagung der Verschwörung des Catilina, als »Vater des Vaterlandes« geehrt. 58 v. Chr. trieben ihn seine Gegner in die Verbannung, darunter solche, die er für seine Freunde gehalten hatte. Da war es ein Trost für ihn, dass er einen wahren Freund hatte, ein *alter ego*, ein zweites Ich.

Die Freundschaft beider ging in ihre jüngeren Jahre zurück: Titus Pomponius Atticus (110–32 v. Chr.) stammte wie Cicero nicht aus der römischen Oberklasse, der Nobilität, sondern aus dem Ritterstand.

Während es Cicero in die Politik drängte, zog sein Freund die ruhige Zurückgezogenheit vor. Er nutzte erfolgreich die Möglichkeiten, die der Ritterstand bot, nämlich Geschäfte zu betreiben, war Finanzier, besaß aber auch Ländereien und Gutsbetriebe. Und er lebte lange in Athen, wo er wegen seiner Liebe zur griechischen Bildung und seiner finanziell großzügigen Haltung gegenüber der Stadt den Beinamen Atticus erhalten hatte. Auch seinem Freund Cicero konnte er des öfteren Hilfe leisten, wenn dieser in den stürmischen Zeiten seines politischen Lebens einen ruhigen Hafen suchte oder wenn er, zu den höchsten Würden aufgestiegen, einen Lebensstil pflegen musste, der seine Mittel überstieg. So half er ihm auch bei der Ausstattung seiner Villen, wie des geliebten Tusculanums.

Aus der Korrespondenz beider geht hervor, dass diese Freundschaft über all die Jahre ungetrübt blieb: Atticus hatte immer ein offenes Ohr für Cicero, gab ihm klugen Rat in schwierigen politischen Situationen, bremste bisweilen sein Temperament und half wohl oft allein schon durch geduldiges Zuhören, wie auf dem erwähnten Spaziergang, oder durch Antworten auf drängende Briefe. Doch er war nicht nur der Gebende: Mit Cicero traf er sich in seiner Liebe zu Wissenschaft und Philosophie; er schrieb selbst geschichtliche Abhandlungen (vgl. Kap. 18 der Atticus-Vita des Nepos), und er begleitete mit Interesse jeweils das Entstehen von Ciceros Schriften. Ja, er trug auch zu deren Verbreitung bei: In großen Schreibsälen ließ er Ciceros Werke abschreiben und vervielfältigen und vermittelte sie an Freunde und Interessierte.

So war es durchaus angemessen, dass Cicero in späteren Jahren ihrer Freundschaft ein Denkmal setzte: in seiner Schrift *Laelius de amicitia / Von der Freundschaft*. Vorausgegangen war schon die Schrift *Cato de senectute / Über das Alter*, ebenfalls Atticus gewidmet; beide entstanden 44 v. Chr.

Cicero wählt wie meist die Form eines Dialogs; ein Zwiegespräch, seit den Zeiten von Sokrates und Platon bewährt, wirkt nicht nur lebendig, es vermag auch unterschiedliche Positionen klar herauszustellen, ohne einen wissenschaftlichen Apparat bemühen zu müssen. Cicero lässt einen berühmten Römer auftreten, der eine exemplarische Freundschaft gepflegt hat: Gaius Laelius, mit dem Beinamen *Sapiens*, der Weise (um 190–129 v. Chr., Konsul 140), der Freund und Kriegsgefährte des Scipio Africanus des Jüngeren (185–129 v. Chr.), des Siegers über Karthago im Dritten Punischen Krieg (146 v. Chr.). Als Liebhaber der griechischen Bildung war Laelius mit Scipio zusammen bestrebt, Rom für griechische Weisheit und Wissenschaft zu öffnen, ohne die traditionellen römischen Werte zu schmälern. Dieser Freundeskreis, dem römische Dichter wie Ennius und Terenz und

Griechen wie der Stoiker Panaitios und der Geschichtsschreiber Polybios nahestanden, besaß für Cicero eine große Anziehung. Er sah in diesen Persönlichkeiten eine ideale Verkörperung dessen, was er selbst anstrebte, eine Verbindung römischer und griechischer Wertvorstellungen, und er, der sich nicht auf erlauchte Vorfahren berufen konnte, fand hier eine Art geistiger Ahnengalerie. Cicero hat als junger Mann selbst noch ein wenig von der Atmosphäre dieses Kreises verspüren können, denn sein Mentor in der Rechtswissenschaft war der berühmte Rechtsgelehrte Q. Mucius Scaevola, und dieser war der Schwiegersohn des Laelius gewesen.

Cicero sagt, das Gespräch über die Freundschaft sei ihm und anderen jungen Leuten von Mucius Scaevola selbst mitgeteilt worden. Scaevola habe es zusammen mit Gaius Fannius, dem anderen Schwiegersohn, mit Laelius geführt. Es war kurz nach dem plötzlichen Tod von dessen Freund Scipio Africanus (129 v. Chr.). Laelius wird gefragt, wie er denn den Tod des Scipio ertrage, mit dem ihn doch eine solch einzigartige Freundschaft verbunden habe, so dass man sie beide zu den aus Sage und Geschichte berühmten Freundespaaren zählen könne. (Hier will Cicero auch an seine Freundschaft zu Atticus erinnern.)

Laelius antwortet, er empfinde zwar Schmerz über den Hingang des Freundes – Scipio war jünger als er und hätte ihn überleben müssen –, doch er finde in der Erinnerung Freude und Genuss: Sie waren beide nicht nur in ihren Ämtern wie im persönlichen Leben verbunden, sondern stimmten auch vollkommen überein in ihren politischen Zielsetzungen, geistigen Interessen und ethischen Anschauungen. Das aber ist es ja, was wahre Freundschaft ausmacht.

Eben weil Laelius eine solche Freundschaft gepflegt hat, ist er, meinen die jungen Leute, berufen, auch allgemein über Freundschaft zu sprechen und sie zu belehren, nicht theoretisierend, nach Art der Griechen, die ja vieles über die Freundschaft gesagt haben, sondern auf die römische Lebenswirklichkeit bezogen. So behandelt Laelius nun das Wesen der Freundschaft. Manche Philosophen haben als Grund für Freundschaften den gegenseitigen Nutzen gesehen: Der Mensch kompensiert seine Schwäche und Bedürftigkeit, indem er sich auf die Kräfte anderer stützt. Das lehnt Laelius ab. Damit entwürdigt man die enge Beziehung zweier Menschen und reduziert sie auf eine Kosten-Nutzen-Rechnung. So entstehen die erheuchelten Freundschaften: Wenn anderswo mehr Nutzen winkt, beendet man die Freundschaft ... Nein, sie beruht auf natürlicher Zuneigung, auf dem angeborenen Geselligkeitstrieb des Menschen als eines sozialen Wesens. *Amicitia*, Freundschaft, leitet sich ab von *amare*, lieben. Lieben aber soll man den Freund nicht wegen äußerer Vorzüge, sondern aufgrund seines inneren Wertes. Die Tugend (*virtus*), die Haltung sittlicher Vollkommenheit, muss bei demjenigen vorhanden sein, den man als Freund auswählt. Denn zur Freundschaft gehört ja die Tugend: Ohne Treue, Wahrhaftigkeit, ein unbedingtes Füreinandereinstehen könnten Freundschaften niemals die Stürme des Lebens überdauern.

Hier kommt Laelius auf einen wichtigen Punkt zu sprechen. Es gibt Grenzen in der Freundschaft, die unbedingt eingehalten werden müssen. Dies trifft besonders im politischen Leben zu, wo es oft zu Zerwürfnissen kommt, wenn einer der Freunde den anderen nicht unterstützen will, weil dieser – eben im Namen der Freundschaft – etwas von ihm fordert, was er aus moralischen Gründen ablehnen muss. Deshalb ist, so betont Laelius wieder, echte und dauerhafte Freundschaft nur unter sittlich guten Menschen möglich. Dafür bringt er Beispiele aus der römischen Geschichte. Die Freunde des Coriolan folgten ihm nicht, als dieser gegen seine Heimatstadt zog. Ein anderer aber erklärte, er hätte, wenn sein Freund es verlangte, sogar für ihn das Kapitol angezündet … Doch der Freund ist zwar ein Kamerad, aber kein Komplize. Cicero (und auch Atticus) denken an Beispiele aus ihrer Zeit. Da hat Catilina seine Spießgesellen auf sich eingeschworen mit dem schönen Spruch: »Das gleiche wollen und das gleiche nicht wollen, das ist echte Freundschaft« (Sallust,

Verschwörung des Catilina 20,4). Es gab auch ein prekäres Beispiel aus der Gegenwart: Während Cicero am *Laelius* arbeitete (wohl zwischen März und November 44), war Caesar an den Iden des März ermordet worden. Ein Tyrannenmord, dem nach dem Willen der Verschwörer die Wiederherstellung der Republik folgen sollte. Doch die Bürgerschaft trat keineswegs geschlossen hinter Brutus und Cassius. Marcus Antonius hielt als Freund und Gefolgsmann dem toten Diktator die Treue, und es scharten sich viele um ihn, die sich aus mehr oder weniger edlen Beweggründen zur Freundschaft mit dem Toten bekannten. Unter den Ehrenhaften war Gaius Matius, ein alter Freund Ciceros und enger Vertrauter Caesars. Cicero macht ihm brieflich den Vorwurf, zugunsten des Antonius und gegen die Interessen der »Befreier«, wie sich die Männer um Brutus und Cassius nannten, gehandelt zu haben. Matius rechtfertigt sich in seinem Antwortbrief (*Epistulae ad familiares* 11,27 und 28), er habe aus Pietät gegenüber dem verstorbenen Freund gehandelt, und darin lasse er sich nicht beirren. Trotz des beiderseitigen rücksichtsvollen Tons wird klar, dass hier ein Konflikt bestehen bleibt. Für Cicero gilt, dass die Freundestreue niemals den Vorrang vor den Pflichten gegenüber der Gemeinschaft, hier der *res publica*, haben darf.

Er selbst kehrte nun in die politische Arena zurück, nachdem er, unter Caesars Alleinherrschaft ohne Einfluss, sich seiner schriftstellerischen Tätigkeit, der Vermittlung der Philosophie, gewidmet hatte, um auf diese Weise seinen Mitbürgern nützen zu können. Jetzt versuchte er, der Sache der Befreier zum Sieg zu verhelfen und die *res publica*, die republikanische Ordnung, wiederherzustellen. Noch einmal stand er, wie einst als Konsul, an der Spitze des Staates, um die Militärdiktatur des Marcus Antonius abzuwehren. Es gelang ihm, den jungen Octavian, Caesars Adoptivsohn und Erben, in das Bündnis der staatstreu Gesinnten im Kampf gegen Antonius einzubeziehen, der junge Mann nannte Cicero seinen Ratgeber und väterlichen Freund. Doch der machthungrige junge Caesarerbe wollte sich nicht mit legalen Zugeständnissen, wie sie ihm Cicero und der Senat boten, zufriedengeben. Er vereinigte seine Heere mit denen des Antonius und marschierte auf Rom, wo er, der noch nicht Zwanzigjährige, sich zum Konsul wählen ließ und die Stadt besetzte. Mit Antonius erließ er die Proskriptionen, schwarze Listen des blutigen Terrors, mit den Namen der Todgeweihten. An der Spitze stand der Name Ciceros, dem Antonius nicht verzeihen konnte, dass er ihn in seinen *Philippischen Reden* als Staatsfeind gebrandmarkt hatte. Hat Octavian wirklich versucht, Cicero zu retten, wie manche sagen (Plutarch, *Cicero* 46)? Als er in Rom Abordnungen des Senats empfing, hatte auch Cicero noch einmal das Gespräch mit ihm gesucht. »Du kommst als letzter meiner Freunde«, soll Octavian spöttisch gesagt haben (Appian, *Bella civilia* 3,92).

Die bittere Enttäuschung über den »falschen Freund« muss Ciceros letzte Lebenstage zusätzlich verdüstert haben. Am 7. Dezember 43 v. Chr. starb er als Opfer eines Mordkommandos. Doch das letzte Wort hatten die wahren Freunde: Atticus und der treue Tiro, Ciceros Sekretär, hatten seine Briefe und Schriften bewahrt und gaben sie später heraus, darunter den *Laelius*, in dem es heißt: »Der nimmt doch wohl die Sonne aus der Welt, der die Freundschaft aus dem Leben nimmt.«

Inhalt